CONG LING DAO BAIDA

从零到百大

B站UP主涨粉与变现运营实战

黄阳明 大明◎著

SPM
南方出版传媒
广东经济出版社
·广州·

图书在版编目（CIP）数据

从零到百大：B站UP主涨粉与变现运营实战 / 黄阳明，大明著. —广州：广东经济出版社，2022.1
ISBN 978-7-5454-7991-1

Ⅰ. ①从… Ⅱ. ①黄… ②大… Ⅲ. ①网络营销 Ⅳ. ①F713.365.2

中国版本图书馆CIP数据核字（2021）第218812号

责任编辑：蒋先润
责任校对：刘紫娟
责任技编：陆俊帆

从零到百大：B站UP主涨粉与变现运营实战

CONG LING DAO BAIDA：BZHAN UPZHU ZHANGFEN YU BIANXIAN YUNYING SHIZHAN

出版人	李　鹏
出　版 发　行	广东经济出版社（广州市环市东路水荫路11号11～12楼）
经　销	全国新华书店
印　刷	广东新华印刷有限公司南海分公司 （广东省佛山市南海区盐步河东中心路23号）
开　本	730毫米×1020毫米 1/16
印　张	14. 5
字　数	214千字
版　次	2022年1月第1版
印　次	2022年1月第1次
书　号	ISBN 978-7-5454-7991-1
定　价	58. 00元

图书营销中心地址：广州市环市东路水荫路11号11楼
电话：（020）87393830　邮政编码：510075
如发现印装质量问题，影响阅读，请与本社联系
广东经济出版社常年法律顾问：胡志海律师

前　　言

Preface

你不可不知的B站

如果一个人不知道B站，有两种可能：一是他的年龄是大叔级别的，二是他刚从火星上回来。在一定程度上，B站是青年文化的代名词。

B站是哔哩哔哩（英文名：bilibili）的简称，这个成立于2009年6月26日的短视频社交平台，一开始就定位为集聚动画、漫画、游戏爱好者们的二次元平台，用户多为一、二线城市的年轻人。后来随着内容的不断多元化，B站迅速“出圈”，发展到现在更像一个青年文化的大本营。

据《B站品牌营销指南》披露，B站一共拥有15个分区，覆盖了7000+核心圈层，其中生活、游戏、知识、动画、娱乐、美食、时尚、数码等板块拓展了更多的兴趣圈层，让B站进入了更多年轻人的视野。

超强的趣味性加上精准的内容推荐，再配以弹幕、评论、“一键三连”等个性化的互动形式，极大地满足了用户的表达欲。内容和互动使B站形成了独特的文化氛围，吸引了更多年轻人的眼球，快速占领了他们的碎片化时间。

更重要的是，通过“百大UP主”评选活动，B站成功将年轻人变为自己的“内容消费商”，继而推动了B站优质内容的爆发式增长——他们不仅观看内容，而且能持续地产出高品质的内容，成为B站内容花园中辛勤劳作的小蜜蜂。

“百大UP主”是B站根据一个UP主在一年内投稿视频的综合表现而颁布的最高荣誉。在每一年年末，B站会统计所有UP主的投稿视频的播放量、弹幕数、点赞数、投币数、收藏数以及视频下的互动评论数等各项指标，按照一定的规则进行加权汇总，最终得出“百大UP主”的名单。

B站2020年第三季度财报显示：其月活跃用户多达1.97亿人，同比增长54%；月付费用户达到1500万人，同比增长89%；日均视频播放量达到13亿次，同比增长超过70%；月均互动数达到55亿次，同比增长117%，数量翻倍。

庞大的年轻用户群体、较高的忠诚度以及丰富多彩的内容，使得B站频频“出圈”，具备了无与伦比的商业价值。“90后”和“00后”是不折不扣的互联网原住民，具有很强的数字思维能力，品牌想要博得他们的喜爱，就必须先和他们玩在一起，变传统的模式为数字营销模式：通过用户社群确认市场，建立品牌人格和价值观，以此与年轻用户产生强烈的情感共鸣，继而建立起长期的而非一次性的销售连接，将年轻人变为品牌最忠实的客户。

事实上，不管是激情澎湃的B站十周年纪念影片《干杯》，还是被誉为“最懂年轻人”的B站跨年晚会，抑或是刷屏无数的“五四”致敬短片《后浪》，都让还在B站外观望的品牌商和知识创业者感受到了其巨大的商业价值。一个能够真正倾听年轻人声音和理解年轻人想法的平台，自然能够真正走进年轻人的内心，得到他们发自内心的喜爱。

拥抱B站，也就是拥抱年轻人，开启真正的流量之路，拥抱未来的超级商业市场。

笔者

2021年夏

目　　录

Contents

第 1 章

格物 B 站：国内最大的青年文化视频社区

B站董事长陈睿在一次演讲中说，B站的用户群是中国互联网用户里最年轻的群体，以“90后”和“00后”为主。事实正是如此，相较于其他视频平台，B站不仅在内容上更适合年轻人，在风格和内容表现形式上也更加年轻化。

1.1 B站的年轻态

B站的用户大部分为年轻人，他们有激情，有好奇心，喜欢发弹幕，喜欢彰显自身个性，展示自己与众不同的一面。这些特质决定了B站是年轻人的舞台，有其他视频平台不具备的年轻文化。

1.1.1 “Z世代”大本营

所谓“Z世代”，最初流行于欧美国家，特指1995—2000年出生的用户群体。“Z世代”出生的年代正是互联网兴起的时代，他们不仅伴随和见证了信息互联网化的发展，更是受网络通信、社交媒体等科技产物影响最大的一代人。

“Z世代”的具体特质如图1-1所示。

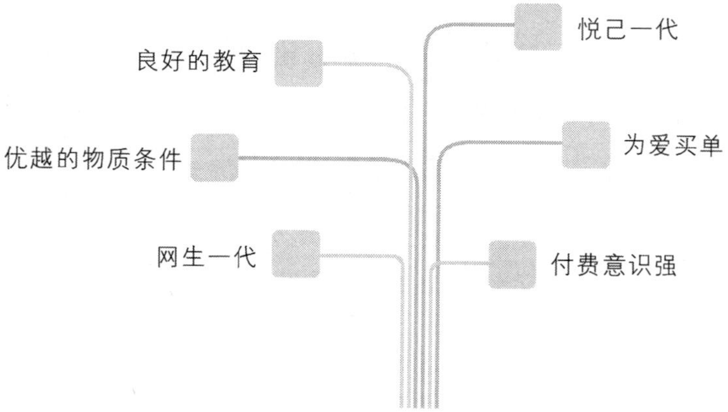

图 1-1 “Z 世代”的具体特质

随着“Z世代”的逐渐长大，他们逐渐彰显出两大喜好，如图1-2所示。

图 1-2 “Z 世代”的两大喜好

B站最初是一个万物皆可剪辑的视频平台，涵盖动漫、鬼畜和游戏内容，用户可以在这里找到自己最喜欢的二次元内容，看到最有哏、最搞笑的弹幕墙。B站的这种内容定位完美地契合了“Z世代”的喜好，因此逐渐成为年轻人高度聚集的文化社区和视频分享平台。“Z时代”用自己创作的高质量内容获得了更多年轻人的关注和追捧，他们的成长历程，也是B站从小众的视频社区发展成为上市企业的缩影。

2018年3月28日，B站顺利在美国纳斯达克上市。除了B站的公司高管外，还有8位“Z世代”UP主作为特别嘉宾参加了B站上市的敲钟仪式，比如UP主“咬人猫”，自2011年开始便在B站上传视频，其参与创作的宅舞视频《【极乐净土】咬人猫/有咩酱/赤九玖155小分队》，在B站获得了2600多万次的播放量（2021年12月数据），“咬人猫”也因此一炮而红，成为B站知名舞者。

1.1.2 B站无处不在的青年文化

年轻人是B站的主流用户群体，是B站内容的绝对创作者和消费者，因此，相对于其他视频平台，B站上无处不在的青年文化更为突出。

ACG文化

ACG是动画（animation）、漫画（comics）和游戏（games）的英文首字母缩略语，即人们常说的“动漫游戏”“二次元”。B站在发展初期是一个不折不扣的ACG平台，内容以动漫番剧和游戏为主，喜欢动漫的UP主在B站平台上发挥他们的才智，剪辑出各种有趣的动漫视频，并积极与用户互动，动漫出新番平台也会第一时间更新。简而言之，只要身在B站，用户便仿佛置身于ACG文化的海洋。

除了丰富多彩的ACG内容外，B站的ACG文化还表现在三个方面，如表1–1所示。

表1–1　B站的ACG文化

表现方面	内容	举例
票选二次元吉祥物	用户通过投票方式选出B站二次元吉祥物，并且赋予其不同性格，有效塑造和推广了B站的品牌和拟人化吉祥物	姐姐“22娘”和妹妹“33娘”
会员考试ACG化	用户想要成为正式会员，必须通过相应的考试才行，而试题中ACG内容占比很大，确保会员对ACG文化有一定了解	鸣人、佐助和小樱之间是什么关系
画面和语言ACG化	B站的画面和语言都带有明显的二次元风格，让用户每时每刻都能感受到ACG文化	加载缓冲页、不同板块都配有ACG图像

学习文化

对年轻人而言，学习是最主要的任务，是不断提升自己的最有效途径。因此，在B站上，除了随处可见的ACG文化元素和内容外，还有大量的学习内容视频，形成了一种强势的学习文化。

B站的学习文化可以表现在年轻人对知识的极度渴求，对传统文化的再认知，对歌曲、舞蹈、绘画等艺术的展现和解构方面。

B站UP主“罗翔说刑法”，账号开通3天后粉丝便突破100万人，第一个视频播放量就超过了600万次。在很多人的印象中，刑法内容属于小众，为什么“罗翔说刑法”能够获得大批年轻用户的喜爱呢？最关键的一点是“罗翔说刑法”以段子、相声的形式迎合了年轻用户在娱乐中学习的心理，让他们在一个又一个“哏”中学到了真知。

国风文化

年轻人除了爱二次元，爱学习，还爱穿汉服，爱写书法，爱学国学，他们在这个时代的角色已经发生了变化，带动了传统文化的复兴。这种爱好反映在B站上，表现为古琴、舞蹈、书法、武术等国风内容，年轻人正以这种形式表达他们对古人智慧和精神的热爱。

比如B站上有很多汉服相关的视频，UP主们通过大量的汉服科普视频和汉服展示视频，向用户传递汉服独特的古典韵味和传统文化之美。UP主“小豆蔻儿”是其中一个典型代表，其发布的视频大多都与汉服相关，有穿搭教学，有发型教学，还有穿着汉服的生活趣事，每条视频都展现了汉服的美感，视频备受年轻人喜爱，平均播放量在十几万次以上。

1.1.3 B站、抖音、快手，谁是王者

作为视频平台中的佼佼者，B站、抖音和快手谁才是真正的王者呢？其实这个问题，思考的角度不同，得出的答案也不尽相同。对商家、企业而言，针对的营销对象不同，侧重的平台也不尽相同。

B站、抖音和快手在用户和营销重点上的主要区别如表1–2所示。

表1–2　B站、抖音和快手在用户和营销重点上的主要区别

平台	用户	营销重点
B站	以“90后”“00后”为主，极为年轻	有趣的ACG内容+有用的价值内容+“段子、哏、表情包、弹幕”语言体系，用户忠诚度极高

续表

平台	用户	营销重点
抖音	用户覆盖面较广，相对较年轻	以“优质内容+粉丝互动”来加强传播，提升账号的吸引力和价值
快手	以三、四线城市和农村用户为主	“老铁”社交关系+“真实”内容+畅通的转化，更易加强用户之间的黏性

由表1-2可知，B站的用户相对于抖音和快手的用户而言更加年轻化，黏性和忠诚度更高。因此，用户数量超过2亿人的B站对有年轻化营销需求的商家和企业而言其重要性不言而喻：谁能提前占领B站年轻人的心，和他们玩起来，做他们的朋友，谁就能抢占年轻人的市场，抓住未来的巨大商机。

1.2 年轻化营销就是和他们玩

随着“90后”“00后”逐渐成为市场消费的主流，年轻化营销也就成为商家和企业的运营重点。尤其对很多老品牌而言，实现品牌年轻化，通过各种新玩法进入年轻人的视野，通过持续输送价值帮助年轻人成长，和他们做朋友，才有机会赢得未来市场。

1.2.1 年轻人是营销中的硬骨头

随着时代的进步，互联网科技的发展日新月异，“Z世代”群体开始成为当前的消费主力军。在这种背景下，各大商家和企业逐渐意识到年轻人的重要性，开始布局年轻化营销。

“Z世代”是一个包容性非常强的群体，他们喜欢尝试各种新事物，但又极度渴望彰显个性。出生在经济高速发展年代的他们不像父辈那样“小富即安”，而是倾向多元化选择，拥有更加充沛的表现欲，渴望社交却又享受孤独。因此，假如用“70后”“80后”喜欢的内容去迎合“Z世代”，最终的营销效果肯定会大打折扣。

具体而言，“Z世代”的消费观主要表现为三个方面，如图1–3所示。

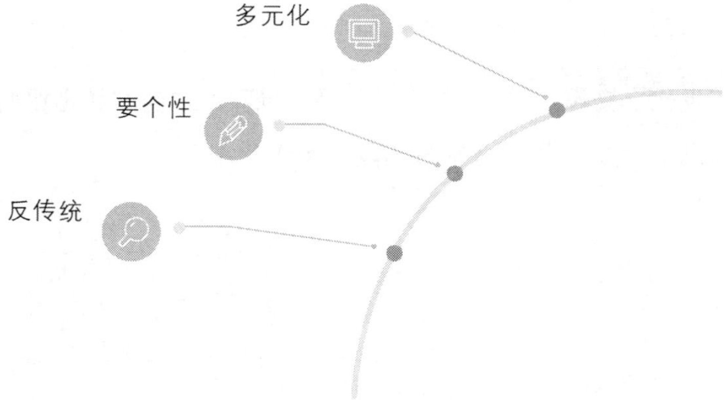

图 1–3　“Z 世代”的消费观

可口可乐做广告的常规方法是请年轻人试喝，讲一讲口感，或者直接打开瓶子，“噗呲”的声音响起，大喊一声“爽”和“透心凉”。但是在B站，可口可乐作为一款汽水产品做宣传时，却抛弃了常规方法，而是邀请一位UP主正儿八经地做起了“不正经评测”。这个评测视频的具体内容是：将可口可乐汽水放到加湿器里面，完全可以让你兴奋一晚上。

这种评测在“70后”“80后”看来完全就是胡闹，但是在“90后”“00后”看来却非常有趣、有个性、有哏，因而收到了非常好的效果，产品一下子在“90后”“00后”的圈子里火了起来。

可见，年轻人并不喜欢盲目地随大流，而是喜欢小众而有个性的东西，乐于尝试新鲜好玩的事物。简而言之，年轻人认为热爱高于一切，在消费方式和消费态度上比较果断，更愿意为兴趣买单。

1.2.2 B站的N种年轻化玩法

荣威汽车在B站的年轻化营销并非传统的硬广告（例如向用户灌输汽车如何好），而是采用了一种非常有趣的玩法：邀请一位UP主制作了一条视频，向大家介绍如何通过分镜拍出脑海中的画面。这位UP主在介绍分镜的过程中，将荣威汽车作为拍摄对象，把车的每个角度一帧一帧地呈现出来。这种科普性视频，从趣味性上看，远远超过了传统的汽车广告，让年轻人觉得更有趣、更有用。

在“Z世代”聚集的B站，如何与年轻人玩呢？对商家和企业而言，在B站与年轻人互动的方法其实有很多，具体如图1-4所示。

图 1-4 商家、企业在 B 站的年轻化玩法

1.3 B站账号注册与认证

1.3.1 注册账号、激活认证

不管是商家、企业还是个人，想要在B站获得人气和体现价值，首先需要在B站生根发芽——完成账号注册。因为只有注册好账号，UP主才能上传并发布视频，持续输出有趣、有价值的内容，顺利打造出富有知名度的IP。

如何在B站注册账号和激活验证呢？以B站手机App为例，UP主可以按照以下步骤操作：

步骤一：点击B站手机App，进入首页后，点击右下角“我的”按钮，系统会自动跳出一个“登录注册解锁更多精彩内容”对话框，如图1–5所示，在该对话框中输入手机号，获得验证码后，点击“验证登录”按钮。

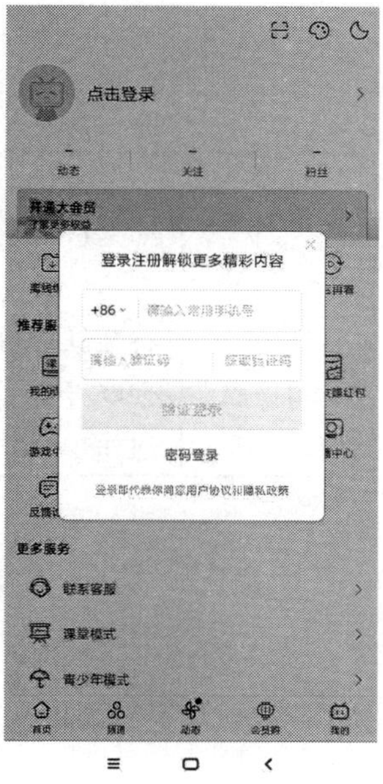

图 1–5 “登录注册解锁更多精彩内容”对话框

步骤二：验证登录后，点击“点击设置昵称”下的“注册会员”按钮，进入“注册会员”页面，如图1–6所示。

步骤三：点击页面上方的“编辑资料”按钮，进入“账号资料”页面，UP主在该页面上传头像，填写昵称、性别、出生年月、个性签名等信息，即可完成账号注册，如图1–7所示。

需要注意的是，通过“哔哩哔哩认证”，UP主可以显著提升个人身份和内容的可信度，快速提升账号的影响力和吸粉能力，UP主可以根据自身实际情况灵活选择相应认证。

图 1–6 “注册会员”页面

图 1–7 “账号资料”页面

“哔哩哔哩认证”主要包括两个类型，如表1-3所示。

表1-3 “哔哩哔哩认证”的类型

认证类型	内容
个人认证	知名UP主认证（bilibili知名UP主）、身份认证（大V达人或社会身份）和专栏领域认证（优质专栏UP主）
机构认证	企业认证（企业官方账号）、媒体认证（传统媒体以及新媒体官方账号）、政府认证（政府官方账号）和组织认证（校园、公益组织、社会团体等官方账号）

1.3.2 实名认证

对于有志于在B站获得更大发展空间的UP主而言，注册完账号之后还需进行实名认证。具体而言，UP主进行实名认证可以获得四大好处，如图1-8所示。

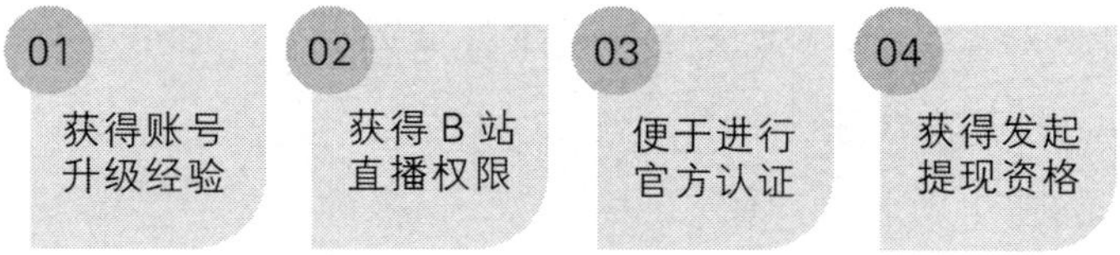

图 1-8 UP 主实名认证的好处

以B站手机App为例，UP主进行实名认证的步骤如下：

步骤一：在首页点击“我的”按钮，进入“我的”页面，点击“设置”，如图1-9所示。

步骤二：点击“设置”按钮，进入设置页面后，点击“安全隐私”，如图1-10所示。

图 1-9 “我的”页面

图 1- 10 “设置”页面

步骤三：点击“安全隐私”后，进入“安全隐私”页面，点击“实名认证”，如图1–11所示。

步骤四：点击“实名认证”，进入“实名认证”页面，依次填写真实姓名、身份证号、手机号，点击“获取验证码”，输入验证码后，点击“提交”即可，如图1–12所示。

图 1-11 “安全隐私”页面

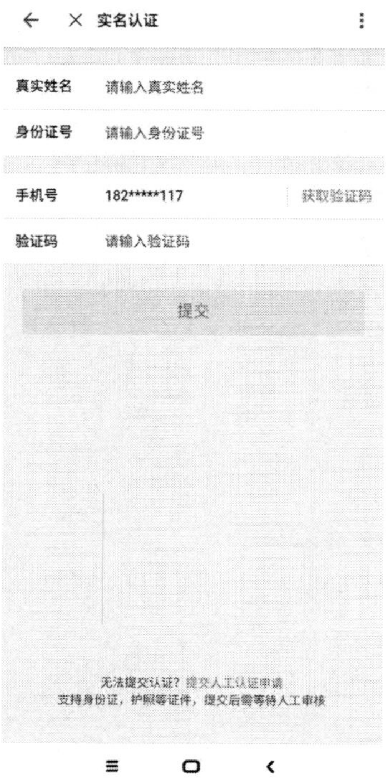

图 1-12 “实名认证”页面

1.4 传统行业的年轻化之路

对传统行业而言，随着市场竞争愈发白热化，新生代群体是他们必须要拿下的潜在市场，但“酒香也怕巷子深”，因此，传统行业需要有更加清晰的年轻化定位，更加鲜明的个性展示，比如“江小白”展示的文艺情深，“小茗同学”展示的呆萌可爱，等等。简而言之，对传统行业而言，谁抓住了新兴消费群体，谁就抓住了未来市场。

1.4.1 传统行业的年轻化营销困局

随着移动互联网技术的迅猛发展以及年轻消费群体的崛起，传统行业在年轻化营销时往往会陷入“投入越大收效越微”的困局之中。

为什么传统行业会陷入这种困局呢?

看不见

当商家和企业想要推出一款新产品时，首先想要做的是什么? 答案很明确，让用户看到它、了解它、爱上它。传统行业解决这个问题的方式往往是举办发布会或通过各种电视、报纸、杂志等传统媒体渠道大张旗鼓地宣传等，抢占广告牌。

但是对年轻用户而言，电视、报纸、杂志等都属于“老事物”，不符合他们的胃口，他们更喜欢沉浸在网络平台上，看喜欢的内容，做喜欢的事情。这样一来，传统行业的广告轰炸便不能精准命中目标，被年轻用户看见也就成了一个小概率事件，营销效果自然大打折扣。

不信任

想要吸引年轻用户的眼光，激发他们的消费欲望，还需要赢得他们的信任，俘获他们的心。传统行业俘获年轻用户的心的方法通常是邀请艺人或专家代言、官方媒介背书等。但是在互联网时代，信息变得越来越透明，年轻人越来越有主见和个性，传统行业只要在电视台花重金打个广告便能增加好几倍甚至几十倍营收的日子早已经一去不复返了。

和年轻人不在一个频道，玩不起来，传统行业的营销自然也就入不了年轻用户群体的眼，走不进他们的心，更不用提获取他们的信任并吸引他们消费了。

简而言之，传统行业惯用的以控制信息和消费者为核心的传统营销思维显然不符合互联网时代的营销要求，更不是崇尚个性的年轻人眼中“有趣的事儿”。基于此，传统行业的营销遇到充满个性的年轻人，自然便陷入了“投入越大收效越微”的困局。

1.4.2　传统行业融入B站的两种模式

传统行业想要啃下年轻用户群体这根“硬骨头”，拥有2亿多“Z世代”用户的B站是一个不容失去的阵地。那么，传统行业如何在B站构筑自己的营销阵地，将自己融入年轻用户群体中呢?

模式一：真实再现“自我”

B站的用户基础和内容生态决定了它拥有“灵魂黏性”。用户因为喜欢才去使用B站，绝大多数人能够从中找到自己感兴趣的内容，寄托自己的情感。B站的这种属性决定了其内容的“真实”属性，谁能再现真实的自我，谁就能赢得更多人的关注。简而言之，传统行业可以在B站注册账号，通过真实再现自我，将自身打造成现象级IP，成功吸引年轻用户关注。

作为传统行业之一，新闻越来越重视争夺年轻用户群体，“观察者网”通过在B站注册账号，持续输出“有理有据令人信服”的内容，获得了年轻用户的喜爱。截至2021年2月1日，“观察者网”在B站拥有粉丝638.6万人，如图1–13所示。

图 1–13　“观察者网”的 B 站主页

模式二：和UP主合作

传统行业除了亲自建号和年轻人玩之外，还可以和B站UP主合作，通过有趣、有哏、有价值的内容吸引年轻人关注，从而提升品牌知名度。

比如某零售平台便和B站某位横跨游戏区和生活区的UP主合作，邀请该UP主以普通消费者的身份从平台下单购买产品。UP主从发货速度、客服体验、产品质量等多个维度对该零售平台做了评价。通过这次合作，该零售平台提升了自身品牌在年轻用户群体中的认可度。

第 2 章

精确定位：我就是我，是不一样的B站“烟火”

开门店需要定位，开网店需要定位，在B站上开账号发布内容也需要定位。想要在激烈的竞争中脱颖而出，UP主就不能“千篇一律”，要有自己的特色才行。简而言之，UP主要做B站不一样的“烟火”，只有明确自己的长处，打造自己的专属标签，张扬自己的个性，才能快速积聚人气，走上通往成功的道路。

2.1 明确“想要成为什么”比什么都重要

定位的第一步是UP主明确自己“想要成为什么”，为自己的B站发展之路确定方向。在绝大多数情况下，不管是个人还是企业，目标越明确，方向越清晰，行动便越有针对性，前进的动力便越强劲，最终成功的概率就越大。因此，UP主必须首先明确自己“想要成为什么”，确定好今后发展的方向。

2.1.1 直接展示：我就是个卖东西的

对很多商家、企业或者有志于创业的个人而言，在B站投稿的本意是为了更好地营销和引流，更快速地打响品牌知名度。因此，这类UP主必须要提前找准方向，知道自己将会成为什么。如果自身的产品本来就带有话题性，或者已经颇有知名度，IP趣味性十足，那就没必要绕弯子，可以直接在B站展示产品。

“我就是个卖东西的”，这种定位方式虽然看似简单粗暴，但却能够让大家一目了然，快速明确你的用意、了解你的品牌，迅速聚焦于你的产品。

比如有位UP主的定位是“通过教大家如何变美卖货”，她投稿的内容都是美妆类视频，通过给自己、给亲属、给好友化妆，直观形象地向用户展示自己所经营的美妆产品“效果超强”。比如其发布的一条名为《黄皮到白皮，痘肌到无瑕，我都用了啥？》的视频，便通过亲自教学，向大家展示了自己通过一系列美妆产品由黑变白、由痘痘少女变为无瑕美女的蜕变过程。这条视频播放量达到300多万次，在数以千计条的评论中，用户纷纷询问视频中出镜产品的购买链接。

这位UP主的定位就非常简单直接，通过持续输出美妆产品相关的视频，展示产品的具体功效，吸引用户购买。可见，假如UP主有足够的货源，便可以通过创意满满的视频直接将产品呈现在用户眼前，大声“吆喝”，获得高额回报。

2.1.2　打造品牌：我要成为B站红人

B站UP主在定位时，除了通过各种奇思妙想直接向用户展示产品外，还有很多其他选择，其中“从草根变红人”就是一个非常有前途、有价值的定位。简而言之，这种定位着眼于打造个人IP，通过一系列的展示和包装，打响个人品牌，让UP主成功由草根进化为B站红人。

很多人都非常羡慕那些拥有百万粉丝的B站UP主，惊叹他们每个视频都能吸引十几万甚至数百万用户围观，获得百万点赞，感叹他们红得发紫。其实这些拥有百万粉丝的UP主，最开始在B站也是素人，和其他新人不同的是，这些人知道自己要成为什么，从投稿第一条视频的时候，便给自己设定了“我要当网红”　“我要出名”的目标。有了这样的定位，他们之后输出的内容便非常有针对性，目标用户喜欢什么便输出什么，渐渐地粉丝便越来越多，自然人气也越来越高。

在具体操作时，UP主如何才能打造好网红定位呢？通常而言，UP主可以从三个方面入手，如图2-1所示。

B站UP主“敖厂长”，最初是一位游戏达人，对各种游戏有着非常深入的研究。因此他将自己游戏达人的角色代入了B站，致力于游戏内容视频输出，其“椒盐味”十足的“川普”和麻辣幽默的风格让无数宅男宅女大呼过瘾。

“敖厂长”抓住了用户经常在游戏中阵亡的痛点，专注于各类游戏的解说，以娱乐讲解的方式进行游戏技巧和文化科普。比如其制作的《囧的呼唤》系列视频，便以令人眼花缭乱的AE特效对各种流行的单机游戏进行再加工，再结合网络流行语进行讲解科普，不仅为大家带来了乐趣，而且让大家从中学到了各种通关技巧，了解了各类游戏文化，因此备受B站用户的喜爱，“敖厂长”也因此收获了数百万粉丝，从一个默默无闻的草根达人变为B站红人。

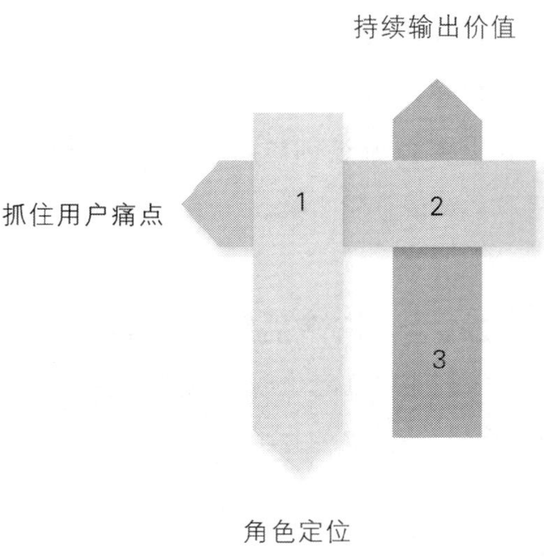

图 2-1　UP 主打造网红定位

2.1.3　社交分享：我就是我

除了直接卖产品和做红人之外，B站UP主还有其他定位吗？答案是肯定的，除了卖产品和做红人之外，UP主还可以将B站定位为社交分享平台，通过展示特色彰显自身的个性和风格，并认识更多志同道合的朋友。简而言之，UP主要明确自己为什么来B站，通过投稿能够为用户呈现什么内容。

通常而言，UP主的社交分享定位可以通过四个方向实现，如图2-2所示。

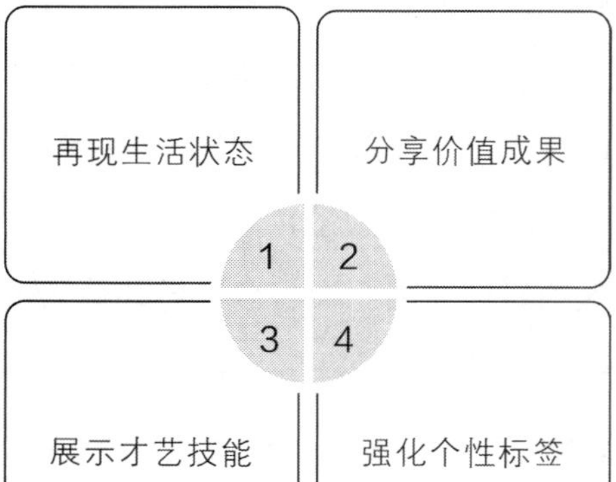

图 2-2　UP 主社交分享定位的实现方向

B站UP主“刘老师说电影”，专注于输出电影解说视频。该UP主常用的开场白是：我就是知识嗷嗷丰富，嗓音贼拉炫酷，光一个背影往那一杵就吸引粉丝无数的刘老师。

“刘老师说电影”通过一系列视

频主要同用户分享两个方面的电影内容：一是推荐好影片，二是吐槽烂片。依靠个人风格极为鲜明的东北口音普通话和一个又一个段子，“刘老师说电影”输出的视频兼具逗乐和情怀，在用户心中留下了深刻的印象，每一条视频都能吸引几十万粉丝观看。

2.2 从擅长的领域出击

定位除了需要明确“想要成为什么”之外，UP主还需要弄清楚自己的长处，因为只有在自己擅长的领域出击，做出优质内容的可能性才会无限放大，成功的概率才会更高。基于此，每个想要在B站有所作为的UP主，都需要剖析自己，找到自身长处，放大自身现有的品牌力。

2.2.1 客观分析自己的长处

很多B站新手UP主，在做定位时，难以确定专注的区域，或者认为自己属于全能型选手，不管在哪个区域都能做得风生水起。抱有这种思想的UP主，在B站很可能竹篮打水一场空，尽管付出了很多时间和精力打造视频，但到头来什么也没得到。原因是什么呢？人无完人，精力有限，只有找到自己的长处，专注于擅长内容的创新，才可能创作出满足用户需求的高价值专业内容，继而获得更多粉丝。

那么在实际操作中，UP主如何客观地分析自己的长处呢？通常而言，UP主可以通过回答三个问题找到自己的长处。

问题一：我做过的被别人赞扬最多的事情是什么？

UP主想要找到自己的天赋或者专长，可以通过一个简单的流程完成，如图2–3所示。

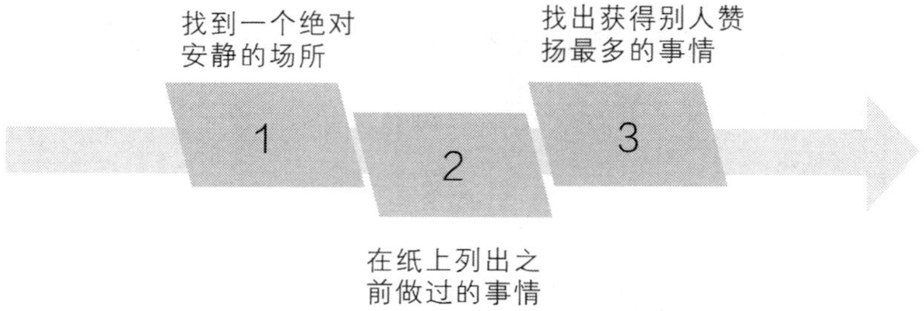

图 2–3　UP 主寻找专长流程图

通过找出别人赞扬最多的事情，UP主能够认识到自己在哪个方面的能力获得了最多人的认可，即相对其他方面，自己在这一方面的能力比较出众。比如UP主擅长演讲，不怯场，逻辑清晰，因而经常获得雷鸣般的掌声；再比如UP主擅长做饭，喜欢做各种花样的美食，吃过的人都会拍案叫绝。这些事情很可能就是UP主的天赋或专长所在，找到它，它就有可能是UP主在B站的引流法宝。

问题二：我能够全身心投入的事情是什么？

当一个人真正喜欢做一件事情时，便会全身心地投入，全神贯注，废寝忘食，不达目的绝不罢休。这种状态意味着这件事情是这个人所擅长的，而长时间的坚持也会让他更易将事情做好、做精，收获更多的价值。

因此，UP主需要静下心来问一问自己：什么事情是自己能够全身心投入的？找到它，UP主便能找到自己擅长的领域。比如你的声音很特别，尽管已经20多岁了，但是嗓音依然是独特的童音，你也能日复一日、年复一年地练习唱歌，有时候一唱就是几个小时。这便意味着唱歌是你擅长的领域，坚持每天发布视频，展示出你声音的特殊魅力，自然会得到B站用户的喜爱，快速在B站崛起。

问题三：我有什么“独一无二”的技能？

有些人一生下来就具备某个方面的优势，这种天赋是“老天赏饭吃”，其他人羡慕不得。相对于天赋，通过后天练习培养的某项技能，也能让人变得独一无二。当UP主找到自己不同于别人的技能时，也就找到了自己在B站立足并快速崛起的秘籍。

具体而言，“独一无二”的技能主要包括三种，如图2-4所示。

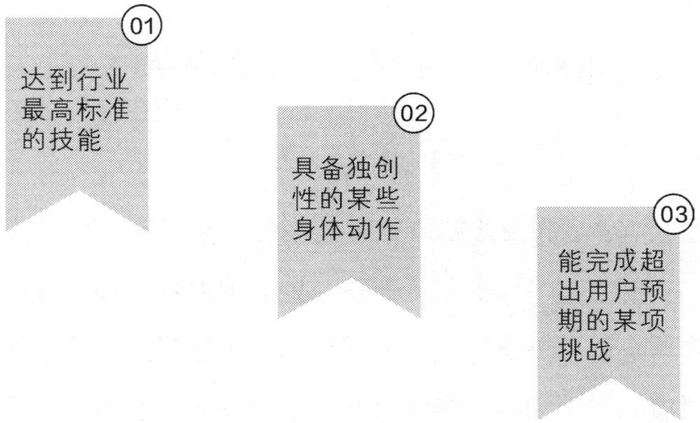

图2-4　三种“独一无二”的技能

2.2.2　放大现有的品牌力

除了个人之外，很多商家、企业也会在B站投稿发布视频，希望能够尽可能多地吸引年轻用户的关注。对这些商家、企业而言，如何找到自身擅长的领域呢？在B站发布视频，单纯做广告是行不通的，因为在这个信息爆炸的时代，广告无疑是招人烦的，因此商家和企业想要通过单纯的广告视频俘获用户是绝对行不通的。对商家和企业而言，品牌是打造差异化的最佳领域，也是最易做出成绩的方向，放大品牌力，让品牌年轻化、科技化，自然会吸引用户关注。

通常而言，商家和企业可以通过三种方法放大现有品牌力，打造更强的认知力和传播力，如图2-5所示。

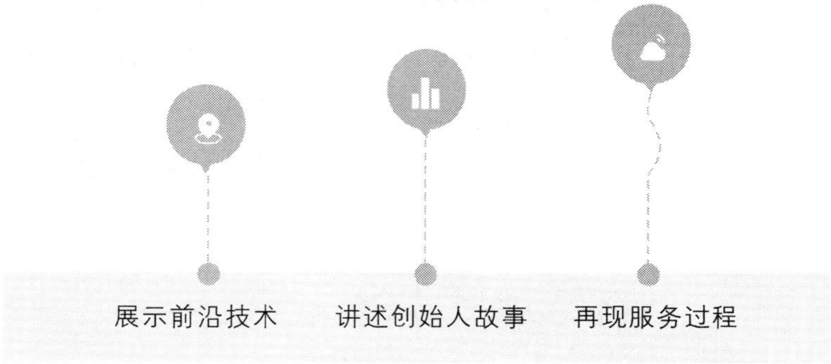

图 2-5　放大品牌力的三种方法

小米手机在B站的做法就非常有代表性。小米手机为了宣传自家的屏下摄像技术，在2020年8月发布了一条极具品牌力的视频。这条视频不仅系统回顾了小米手机的屏下摄像技术的研制历程，还以实机演示的形式向用户展示了屏下摄像的原理和具体操作过程。这种介绍企业前沿技术的视频，很形象地诠释了小米“为发烧而生”的品牌文化，品牌力满满，吸引了众多年轻用户观看，达到了预期的宣传效果。

2.3　有标签，你就是最亮的星

在B站投稿的UP主多如夜空中的星星，你凭什么能从中脱颖而出呢？很多时候，UP主碌碌无为的最根本原因在于没有特色，没有辨识度，尽管在同质化竞争中消耗了大量的资源，UP主却始终火不起来。因此，UP主需要打造自身标签，提升辨识度，才能成为B站最亮的星。

2.3.1 剖析头部号，提炼差异化

正所谓“他山之石，可以攻玉”，UP主在定位自身时，可以通过分析和借鉴B站头部号特点的方式，提炼自身差异化标签。特别是对一些现象级B站大号的分析，可以帮助UP主开阔视野，找到差异化定位的切入点。

通常而言，剖析头部号从而提炼适合自身的差异化标签的步骤有三，如图2–6所示。

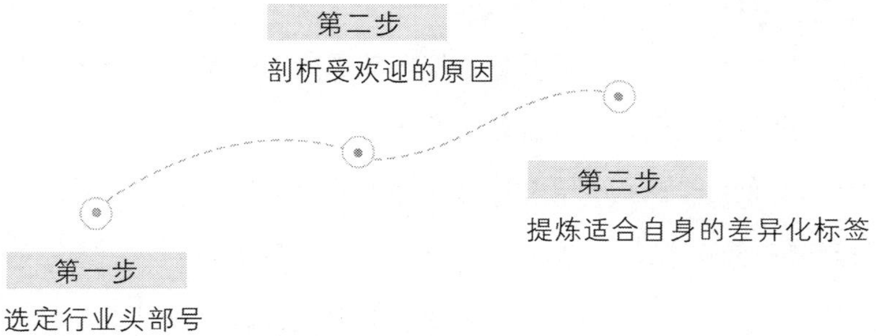

图 2–6　剖析头部号提炼差异化标签的步骤

比如，一位定位为音乐类的UP主，如何通过剖析头部号提炼出适合自己的差异化标签呢?

第一步：选定行业头部号。在音乐行业内，拥有200多万粉丝的UP主“墨韵Moyun”无疑是名副其实的B站头部号，这位被粉丝亲切称为“教主”的UP主，最初凭借着一首点击量突破1500万次、弹幕数量超过27万条的古筝翻奏曲《千本樱》一炮而红。

第二步：剖析受欢迎的原因。“墨韵Moyun”在B站为什么如此受欢迎呢？仔细分析其投稿视频，可以总结出两点：其一，天马行空的改编——善于将虚拟歌姬初音未来演唱的二次元神曲和中国传统民乐结合在一起，改编出来的曲子不仅有大众基础，而且有鲜明的国风情调；其二，扎实的弹奏基本功——她的视频中，用户不仅能够听到唯美大气的音乐，还能看到各种技巧表演，每条视频都堪称一场手指舞。

第三步：提炼适合自身的差异化标签。剖析行业头部号持续走红的原因，一成不变地生搬硬套并非明智的方法，适合自己的才是最好的。UP主需要从“墨韵Moyun”受欢迎的原因中提炼出适合自己的且可行的差异化标签，诸如二次元神曲和国风混合，打造符合年轻用户认知的超神音乐，比如炫技，利用视频合成技术提升音乐的视觉美，等等。

2.3.2 打造“三化”标签

对B站UP主而言，打造差异化标签虽然需要因人而异，但却存在一套统一的标准，只要能达到，便能在很大程度上将自己同其他UP主区分开来，让自己在B站用户眼中变得与众不同。

逆向化

想要与众不同，最直接的方法便是逆向思考，通过逆向思考，找到用户认知的思维盲区或者新起点，继而快速打造出自身标签。

B站UP主“歪果仁研究协会”便是依靠逆向化成功的典型代表。截至2021年2月2日，其共有385.3万粉丝，是B站不折不扣的大咖号，如图2-7所示。

图 2-7 “歪果仁研究协会”的 B 站主页

不同于绝大多数以“中国人”身份发布内容，“歪果仁研究协会”所有投搞内容的视角都来自外国人——视频中的外国人深度而积极地了解中国社会，融入中国人的日常生活中，因为身份和视角的不同，他们对诸多中国人习以为常的事物提出了全新的观点，幽默的风格再加上新奇特的内容，自然吸引了大批年轻用户观看。

通常而言，B站UP主可以从三个方向实现逆向化，如表2-1所示。

表2-1　实现逆向化的三个方向

方向	内容	举例
逆思维	通过逆转习惯性思维获得差异化标签	超级黑暗料理研究者
逆传统	通过逆转传统获得差异化标签	西式烹饪法做中式家常菜
逆身份	通过有别于大众的特殊身份获得差异化标签	学渣看世界

风格化

想要实现差异化，从风格入手最简单也最有效。有的UP主凭借幽默的游戏解说一炮而红，有的UP主凭借一口鲁味普通话大受欢迎，有的UP主凭借逼真的二次元装扮备受瞩目……

“嘟督不噶油”是一位个人风格非常突出的B站UP主，其不仅以恐怖类游戏解说而声名远扬，且视频中处处搞怪，诸如各种奇葩的歇后语，各类让人听了忍俊不禁的段子，等等，每一条视频都会吸引大批用户观看。

具体而言，B站UP主可以从三个方向强化自身风格，实现差异化，如表2-2所示。

表2-2　强化风格的三个方向

方向	内容	举例
设定专属仪式	通过设定专属仪式，打造特殊的风格印记，提升自身在用户眼中的辨识度	在视频开头表演才艺或者设计吸引人的开场白
固定展示风格	以有别于大众化的风格向用户传递内容，通过持续输出打造鲜明的风格印记	段子、无厘头、反传统性质的解说
强化个人风格	通过塑造UP主鲜明的个人风格，为自身贴上显著的差异化标签，吸引用户关注	蒙面现身、背影示人、二次元装扮等

垂直化

很多时候，只要UP主制作的视频足够垂直化，也能打造出显著的差异化标签。因为B站大多数UP主都存活于行业的“浅水区”，对细分领域缺乏相应的探索和研究。在这样的背景下，谁的垂直度越高，谁在用户眼中就越与众不同。

比如职场技能类，很多UP主总想着PPT、PR、AE、PS等“通吃”，吸引尽可能多的用户关注，认为这样才能在最短的时间内成为B站大咖。而你则可以专攻一个领域，比如专门分享PPT制作小技巧，只要足够实用，便能逐渐打造出自己的差异化标签。

2.3.3　按照品牌文化打造标签

除了个人之外，很多商家和企业也开始在B站上打造IP，希望通过展现有趣、特别的一面，吸引年轻用户的关注。但是一些商家和企业在与年轻人互动时，往往忽视了自身的品牌调性，喜欢跟风，今天拍这个风格的视频，明天再拍另一个风格的视频。但实际上，这种缺少品牌文化调性的做法，即使投入的资源再多，对年轻人也并没有多大吸引力，品牌推广效果微乎其微。

为什么会出现这种事倍功半的结果呢？原因很简单，你根本就无法创造用户黏性和凝聚力——你也就今天这一个视频质量好一点，用户看完很开心，然后点个赞就走掉了，并不会关注你，这样的引流其实没有多大效果。因此，商家和企业在B站发布视频时，想要用差异化吸引用户，必须要结合自身品牌文化，才能让用户有兴趣看，看完后喜欢上UP主，关注UP主。

“快看漫画”是一个非常受年轻人喜欢的App，App中提供很多有趣、年轻化、二次元的漫画产品。随着B站的火爆，“快看漫画”也在B站注册了官方账号“快看漫画App”。

为了吸引用户，让他们对这个账号形成黏性，“快看漫画App”根据自身的品牌文化，做了一个非常特别的定位，那就是做典型的人格化账号——“快看漫画App”的每条视频，都是以两个漫画人物作为主角，以故事性强化用户黏性，大大提升了自身在年轻用户群体中的知名度。

具体而言，商家和企业可以结合自身品牌文化，从三个方向打造标签，如表2-3所示。

表2-3　品牌文化标签的打造方向

方向	内容	举例
品牌调性	商家和企业想要通过品牌向用户传递何种调性？是满满的青春活力还是有高贵的身份象征？	一家教育机构，发布的视频都以“蜕变”为核心
品牌风格	商家和企业的品牌具有什么鲜明的品牌风格？是擅长讲故事还是说段子？是善于搞笑还是灌鸡汤？	一家食品企业，每条视频都以搞笑的风格关注食品安全
品牌场景	通过再现某类特定的场景，将品牌和场景联系起来，让用户看到这类场景便想到品牌	一家枸杞生产企业以“考试”场景发布“崛起”系列视频

2.4　用户喜欢什么就定位什么

定位的核心就是以用户为基点，用户喜欢什么就定位什么。很多UP主在定位时总是习惯从自身视角出发，自己喜欢什么就做什么内容的视频，却忽略了用户才是内容的最终受众，用户不满意，在UP主眼中再好的内容也没有价值。因此，UP主在定位时，需要以目标用户的喜好为核心。

2.4.1 满足目标用户需求

无论你是做什么类型的营销或者引流，都离不开用户。换句话说：“得用户者，得天下。”B站引流也是一样，在定位时，必须要满足用户的需求，迎合他们的喜好，用户满意了，UP主将来的发展空间才会更广阔。

想要实现这一点，UP主需要做到以下两点。

一是确定目标用户。想要精准满足目标用户的需求，B站UP主首先要明确目标用户群体，因为UP主只有首先了解自己要服务的用户群体，才能进一步明确他们的需求和喜好，继而有针对性地产出内容，增强自身吸引力，获得他们的信任。

确定目标用户的步骤有三，如图2–8所示。

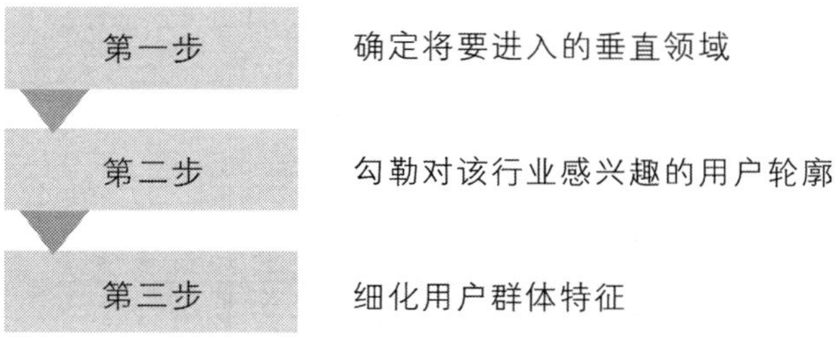

图 2–8　确定目标用户的步骤

比如，UP主想要致力于美妆内容的输出，如何确定目标用户群体呢?

第一步：确定将要进入的垂直领域。UP主想要致力于美妆内容的输出，在B站可以通过持续的价值内容输出成为美妆类UP主。

第二步：勾勒对该行业感兴趣的用户轮廓。什么用户群体对美妆内容感兴趣呢？答案很明显，女性，特别是生活在一、二、三线城市中的年轻女性。

第三步：细化用户群体特征。喜欢美妆的城市女性，她们非常年轻，有个性，有强烈的变美需求，且消费能力较强，晚上比较活跃。

如此一来，UP主便可以非常精准地确定自己的目标用户群体。

二是分析目标用户需求。明确了目标用户后，UP主便可以有针对性地剖析他们的潜在需求。通常而言，UP主可以通过三个要素剖析目标用户的需求，如图2-9所示。

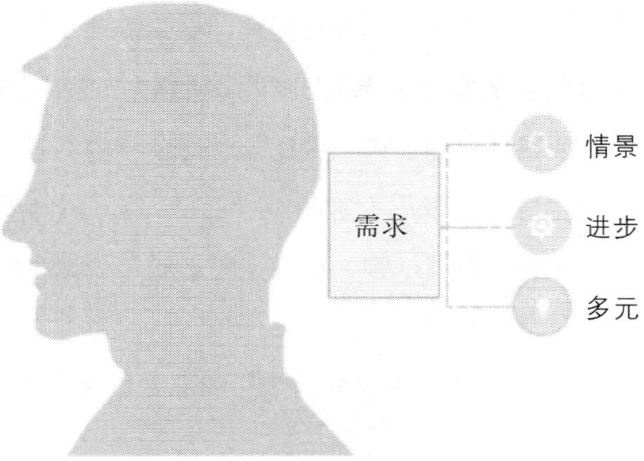

图 2-9 剖析目标用户需求的三个要素

以年轻女性为例，在不同要素背景下，她们表现出来的需求是不一样的，UP主在定位时可以结合一种或多种需求确定自身今后的内容输出方向。

情景。不同情景下，年轻女性的需求差异较大，比如相亲时，她们极度渴望“变美”，考试时极度渴望“变聪明”。

进步。所谓“进步”，是指用户想要朝着某个目标或愿望前进的意愿。对年轻女性而言，她们渴望变美，渴望变聪明，渴望提升工作能力，这些都是进步的需求。

多元。用户的需求并非仅有一种，而是无数种需求糅合在一起。年轻女性对美的需求、对能力的需求、对美食的需求，都可以成为UP主的定位方向。

总之，用户需求的，就是UP主的定位所在。所以想要通过B站引流，一定要站在用户角度，不能不顾用户需求而自娱自乐。

2.4.2 消除用户痛点

需求是现实和用户期望之间存在的落差，而痛点则是用户尽力避免出现的最坏结果或者想努力争取的最好结果。简而言之，痛点就是用户想要极力避免或争取却无力改变的事情。假如UP主能够及时消除用户的痛点，对用户而言无疑是“巨大的价值”，上传的内容对用户的吸引力自然非常大。

比如对许多年轻女性而言，她们的痛点是什么？是觉得自己不够漂亮，是渴望变美丽。假如UP主能够推出“变美”系列视频，自然能够吸引她们，获得她们的追捧。再比如，对中学生而言，他们的痛点是什么？是学习不好，每次考试后都被家长“唠叨”。假如UP主能够以学生视角推出“学渣变学霸”系列视频，以段子等形式呈现诸多学习技巧，自然会吸引他们的关注。

UP主可以采用“六步法”精准定位并消除用户痛点，如图2-10所示。

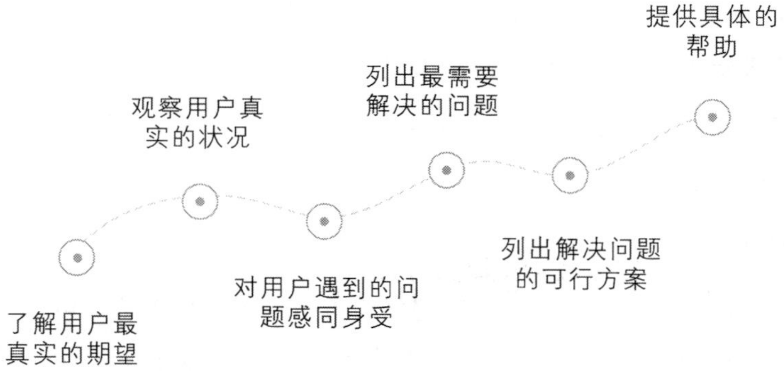

图 2-10 定位和消除用户痛点的“六步法”

2.5　不走寻常路更易成功

内容大众化虽然意味着受众多，看似市场大，但其实却存在着同质化竞争严重、用户审美疲劳等一系列问题，新手UP主想要在大众市场快速积聚人气，打响知名度，难度非常大。相反，小众、差异化的领域，竞争较小，只要UP主能够持续输出优质内容，积聚人气成功“出圈”的概率则会大大提升。

2.5.1　抢占行业里的稀缺资源

很多人通常都会犯的一个错误就是把扩大市场规模当成战略目标，觉得价格战的最终目的就是要获取市场份额。

实际上，追求市场份额永远是一个战术性的目标。你一定要知道自己使用各种策略抢占市场份额的最终目标应该是获取市场里的稀缺资源。举个很简单的例子，比如旅游行业的稀缺资源就是航空公司的座位资源以及酒店的房间资源。

梳理一下以上观点得出两点结论：

第一，B站UP主（品牌商）先要把自己定位于一个恒定市场，在这个恒定市场中追求市场份额，否则不管你在B站排名第几，意义都不是很大。

第二，从恒定市场中获取稀缺资源，然后以此来定位。这种思考方式本质上就是“终极思维”。换句话说，你能够看到市场未来的样子，你就能够倒推回来看看现在的自己应该做些什么。

对B站UP主来说，具体的做法是：首先，了解你本身所处的行业最终将会发展成什么样子；其次，将自己定位在一个相对恒定的市场中，并且从这个恒定市场出发去寻找在这个行业里难以规模化的稀缺资源；最后，规划路径想办法实现市场的规模化来获取行业内的稀缺资源。

比如一个做美妆内容的B站UP主，一开始要了解自己的行业，并且在潜意识里明确依靠B站做美妆内容最终得到的是什么（目标：如销量、知名度等），然后把自己放在一个B站美妆的市场中，观察其他同类UP主在B站怎么做美妆内容，自己在一开始也这样做，积累粉丝，获得流量。最后，UP主在恒定市场中做视频时，注意观察和分析，时机到了之后规划好策略以获取恒定市场内的稀缺资源，了解应该如何找到突破口重新定位自己，然后加上之前的积累，很容易一炮而红。例如可以以男性的角度来做美妆内容，这样的稀缺点很可能会在B站中产生很大影响。

如此一来，你在B站的发展才能够有足够宽广、足够深的“护城河”，也不会给竞争对手留下太多发展空间。

2.5.2 稀奇古怪是最好的切入口

B站UP主“硬核的半佛仙人”，从注册到粉丝突破500万人仅仅用了10个月，成为B站知识区顶级UP主，如图2-11所示。

图 2-11 “硬核的半佛仙人”的 B 站主页

“硬核的半佛仙人”是如何做到这一点的呢？“硬核的半佛仙人”之所以能够快速崛起，与其“稀奇”的定位有很大关系。

首先，切入“稀奇”。“硬核的半佛仙人”发布的内容大多都是“防坑”类型，诸如奶茶店加盟多坑、宠物看病为什么这么贵、盗版网文为何永远不死、王者荣耀根本不是游戏等，都向人们揭示了生活中各种各样的“坑”和如何防止“被坑”。这种以稀有知识为切入口的方式极大地激发了用户的好奇心和探索欲。

其次，文字展现形式稀奇。防坑知识戏说，视频解说非常风趣。即使一个很严肃的话题，“硬核的半佛仙人”也能以段子的形式轻松、愉悦地呈现给用户。用户看“硬核的半佛仙人”的视频，就犹如在听单口相声，比如“真·民族之光”“薅资本主义羊毛”等有趣有哏，令人听了开心，又能学到很多知识。

最后，表情包运营稀奇。虽然视频中用表情包很正常，但一条20分钟左右的视频全靠表情包撑起来，而且能够贴合当时的讲述内容，在用户眼中便是稀奇、有趣的。很多用户因为被视频里的表情包吸引，一条视频看几遍都不厌。

可见，B站UP主在定位时，需要有稀奇古怪的特质，以此增强自身的差异化，迅速擦亮自身品牌。具体而言，UP主可以从两个方面切入，让自己在用户眼中稀奇又古怪，充满吸引力，如表2-4所示。

表2-4　稀奇定位切入方法

切入方法	内容	举例
关注领域稀奇	从一个B站上鲜有人涉猎的领域切入，通过高质量的内容输出快速占领用户的心	B站上很多UP主教投资，却鲜有人谈“防坑”
输出形式稀奇	在内容的输出形式上创新，以一种新奇的形式承载内容，吸引用户关注	采用戏说、段子等方式承载内容，用表情包和用户互动

第 3 章

内容输出：先有优质的内容，才有海啸般的人气

想要在B站快速崛起，短时间内聚集人气，UP主必须持续输出高品质的内容。B站用户一向秉持“内容为王”的原则，谁的视频满足他们的需求，看起来有趣，有观看价值，便会关注谁、分享谁、信任谁。因此，B站UP主的首要任务是打造优质的内容，确保带给用户持续的吸引力。

3.1 内容强，UP主才火

随着B站的大火，UP主之间的竞争也越来越激烈，彼此之间的流量之争已经重新回归到最本质的内容竞争上来。内容缺乏竞争力，用户很快就能够辨识出来，不管你在B站上拥有多少粉丝、有多红，只要内容缺乏竞争力，粉丝马上就会将你抛弃，连声再见都不会和你说。一个UP主，就算其营销能力再强，如果没有富有价值的视频内容，也很快就会成为“过气网红”。

3.1.1 内容才是UP主的核心竞争力

B站里有很多做游戏解说视频，且讲述也非常到位的UP主，比如长得非常帅的“老番茄”。“老番茄”是一个用电影叙述手法讲述游戏的游戏区UP主，其视频质量非常高，内容自带吸睛效果，观看量破千万的视频多达十几个。魔性搞笑的配音加上自己对游戏的独到理解，再加上丰富的巧思和创意，让“老番茄”的游戏视频不同于一般的游戏区UP主的游戏视频，有着独特的魅力，甚至有许多不玩游

图 3–1 “老番茄”的 B 站主页

戏的用户也非常喜欢看“老番茄”的视频，过硬的内容让他成了当之无愧的B站“一哥”。截至2021年1月17日，“老番茄”拥有粉丝1386万人，视频获赞7590.7万次，如图3-1所示。

可见，优质的内容才是B站UP主崛起的核心竞争力。但遗憾的是，虽然“内容为王”的道理很多UP主都知道，但是真正理解的却没有几个，那么到底什么才是真正的“内容为王”呢?

具体而言，“内容为王”主要包括以下三个要素，如表3-1所示。

表3-1 “内容为王”的三个要素

要素	分析
原创性	在B站这个舞台上，UP主只有原创才能站稳脚跟，才会获得更广阔的发展空间，打造更具影响力的IP
专业性	立足于某一专业或者领域，专心服务于目标用户，才能在B站上有立足之地，没有优质专业内容的UP主，迟早会被B站和用户抛弃
批量化	想要长远发展，只靠一两个爆款视频是远远不够的，想要保持持久的生命力和热度，持续输出高品质的内容是最基本的条件

3.1.2 做好内容定位

所谓“内容定位”，是指要找准与B站账号定位相匹配的内容，在运营B站账号前期，摆正账号的功能定位是首要的工作，之后就需要通过内容来呈现定位。

B站UP主“伦桑爱唱歌”，嗓音非常有特色，最初因为一首《小蛮腰》而火遍B站。该UP主认为自己音域较广，对很多歌的把控力都不错，从低音到高音都可轻松驾驭，因此将视频内容定位为“音乐和原唱输出”。在此基础上，“伦桑爱唱歌”陆续推出的一系列翻唱歌曲以及原创曲目，开启了持续走红之路。截至2021年1月17日，“伦桑爱唱歌”的粉丝达到了100.8万人，如图3-2所示。

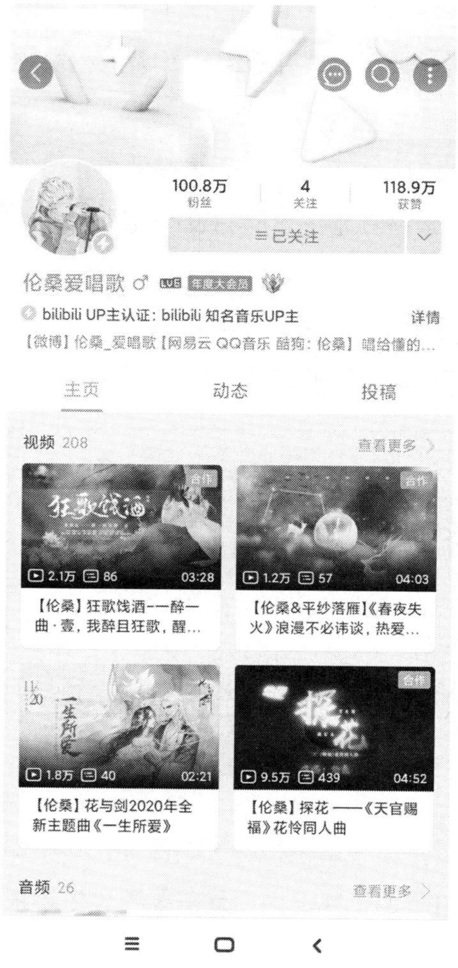

图 3-2 “伦桑爱唱歌”的B站主页

可见，精准的内容定位才是B站UP主做强内容的前提。但遗憾的是，一些B站UP主并不能一如既往地做好与定位相符的内容，发布的一些视频内容可能偏离账号的定位，自然很难获得B站的大力推荐，再怎么努力发布内容也鲜少有人关注。

知己知彼

知己是指UP主要重新审视账号的定位，分析以往发布的视频：哪些是符合自身定位的，哪些是偏离的，为何会出现偏离的情况。知彼是指分析同类UP主发布的内容，从中总结更高效的定位方法，为己所用。比如UP主定位“二次元解读专家”，但是发布的视频却偏离了这个定位，侧重电影分享，如此一来，肯定与最初设定的青少年目标用户群体的目标不吻合。这个时候就需要看看其他二次元类UP主是如何定位自己、如何输出内容并赢得用户关注的。

分析内容性质

通常而言，B站内容都讲究两性：一是可看性，二是调性。

可看性是指内容吸引用户的程度，内容具有的观赏价值。要使内容具有可看性，UP主必须精准把握用户心理，精确触达用户需求。只有把握了用户的需求，内容才能引发他们的共鸣，账号才能得到他们的关注。因此，

UP主要清楚自己的用户画像。另外，输出的内容还要有趣、有用，只有有趣的内容，用户才会关注，只有有用的内容，用户才会收藏、分享。

调性是指格调。B站UP主一定要有自己的风格，让用户能够在无数UP主中一眼就看到你，并且记住你，时常想起你。比如说起用科学发明的名义搞笑，立即会想到“手工耿”；说起电影解说，立即会想到操着一口东北口音普通话的“刘老师说电影”。

3.1.3 制作内容“四注意”

B站UP主在制作内容时需要注意四点，如图3-3所示。

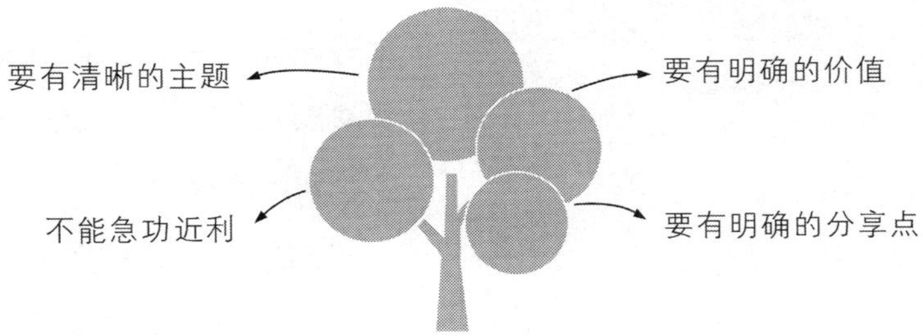

图 3-3 制作内容时需注意的四点

3.2 站在用户视角创作内容

很多B站UP主在创作内容时，总是习惯性地站在自己的角度说“这个内容我喜欢”，但却从来不考虑目标用户是不是喜欢。需要明确的是，B站UP主创作的内容是给用户看的，只有用户喜欢，UP主才会有人气。因此，有经验的UP主都善于站在用户视角创作内容。

3.2.1 用户喜欢而非我喜欢

输出用户喜欢的内容，满足他们的需求，是B站UP主的立身之本。比如一位UP主的主要目标用户是年轻人，但是这位UP主输出的内容都是食疗养生类视频，结果可想而知——即使这位UP主花费了大量的时间和精力，每期视频的观看者却寥寥无几。

图 3-4 “赖皮猴爱美食”的 B 站主页

可见，用户喜欢的内容才是B站UP主创作内容的基础和出发点——目标用户渴望学习提升，UP主就输出专业的学习提升相关内容；目标用户喜欢娱乐，UP主就输出幽默搞笑的内容；目标用户喜欢歌舞，UP主就输出精美的舞蹈和唱歌视频……

B站UP主“赖皮猴爱美食”输出的视频内容就因为能够满足用户的需求而大受欢迎。其针对的目标用户主要是家庭主妇和美食爱好者，这些人对如何做色香味俱全的美食非常痴迷，对提升自身的“手艺”有着强烈的渴望，而UP主“赖皮猴爱美食”输出的视频内容就是烹制美食的方法和技巧，自然大受欢迎，截至2021年1月，其也因此收获了122.3万粉丝，如图3-4所示。

3.2.2 找到用户的真实需求

满足用户需求的前提是找到用户的真实需求，但有些时候，用户的需求表达存在着一些问题，让UP主看到的往往是“伪需求”。

用户的需求表达主要存在四个方面的问题，如表3-2所示。

表3-2 用户的需求表达存在的主要问题

问题	分析	举例
情绪表达	很多时候，用户在某种特殊场景下做出的决定往往受到了情绪影响而非真实需求	考试考砸了，认为鬼畜这类视频很幼稚，以后再也不看了
互相排斥	很多用户的需求在本质上就是相互排斥的，满足了一方面却不能满足另一方面	既想放纵自己尽情娱乐，又要好好学习，掌握技能
想当然	很多用户潜意识里会将问题的解决方案想当然地当作需求	学习非常紧张，压力大，想要娱乐，但娱乐却不是真实需求
场景错位	需求场景错位，生搬硬套需求	认为吃火锅就需要配凉茶来降火，但吃火锅不一定就会上火

那么，如何才能找到用户的真实需求呢？B站UP主可以采用三种方法提炼用户的真实需求，如图3-5所示。

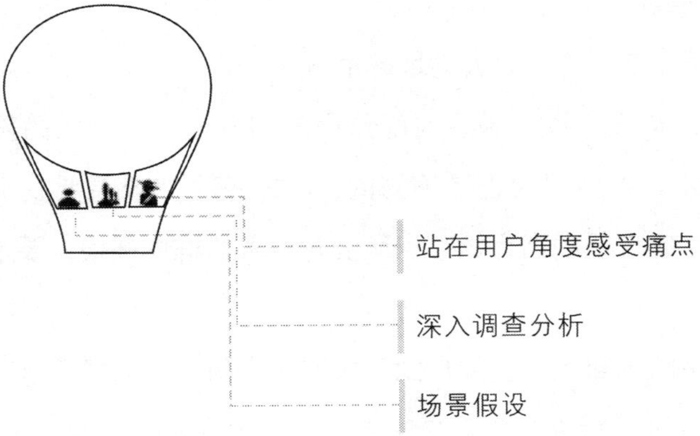

图 3-5 提炼用户真实需求的三种方法

3.2.3 确定满足用户真实需求的逻辑框架

在排除了“伪需求”并找到真实需求之后，B站UP主要进行的工作就是满足用户的真实需求。要知道，用户看不看一个视频，取决于其内容是否有趣、有用，也就是能否满足自身需求。因此就可以得出这样一个结论：B站UP主发布的内容是否能够获得用户认可，根本上是由内容所满足的用户需求决定的，而不是由内容本身决定的。

因此，B站UP主在打造内容时，需要遵循以下的逻辑框架：

第一，确定哪些需求是要被满足的。既然无法确定用户表现的需求是否真实，那么UP主就要自己去找出真实的需求。而用户需求是否能被满足，需要考虑以下几点：

（1）这个需求是否为大多数用户的需求，需求是否高频、紧急、刚性。

（2）这个需求是否在UP主的核心价值路径上。

（3）其他同类型UP主对这个需求的反馈如何，是不是大家都在做、积极做。假如有些人没有做，他们的顾虑是什么。

（4）为了满足这一需求，投入产出比值如何，收到的回报是否能平衡或大于UP主去满足这项需求所付出的成本。

（5）UP主是否有能力去满足这个需求。

第二，打造核心点，满足大部分用户的需求。每个人的需求都是不同的，每个需求的群体规模也是不同的，B站UP主如果想要获得较大的关注度，就要先确定自己的内容核心点所针对对象的群体规模，要把核心点定位到最大规模上。

第三，不断创新，跟上用户的需求变化。用户的需求不是一成不变的，很可能今天有这个需求，明天又没有了，或者又产生新的需求。因此，UP主在打造内容时要跟上用户需求的变化，不断创造新的内容去满足用户。

3.3 遵循“六力”原则，打造爆款内容

在B站的推荐算法里面，点赞数是核心指标之一，而想要提升点赞数，内容就必须具备爆款基因，能够人见人爱。很多UP主认为让内容火起来很困难，其实打造爆款内容是有套路可循的，B站UP主可以遵循“六力”原则打造视频内容。

3.3.1 颜值力

颜值力一直是B站视频吸引用户眼球、获得点赞的关键点，因为绝大多数用户都是“颜控”，看不看视频内容，点不点赞，首先看颜值。人天生就是爱美的，因此，颜值高的UP主更容易在第一时间获得用户的好感。当然，外表的颜值力并不持久，想要保持持久的颜值力，B站UP主还需要提升视频的画质，增强情节的吸引力，通过镜头为用户带来完美的视觉享受和心灵洗涤。否则，再高的颜值用户看多了也会觉得无趣。

从数据上来看，高颜值力的内容，用户通常都愿意第一时间点赞，反复观看的意愿更强，评论互动的动力也更强。这也是为什么有些UP主仅仅吃个饭、唱首歌或者跳支舞就能获得上百万点赞数。

B站UP主“一只小仙若”，发布的舞蹈视频内容便是颜值力爆表，每个视频都能吸引众多用户点赞。一方面，“一只小仙若”人长得比较美丽，人见人爱，被称为“超甜的夏日少女”；另一方面，“一只小仙若”的舞蹈水平也很高，不管动作还是服装都极具视觉冲击力，带给用户无与伦比的视觉享受。截至2021年1月18日，颜值力爆表的“一只小仙若”获得了191.3万粉丝，作品获赞395.3万次，如图3-6所示。

图 3-6 “一只小仙若”的 B 站主页

3.3.2 搞笑力

人人都喜欢娱乐，喜欢在闲暇的时候笑一笑，喜欢在繁忙的工作之余“偷得半刻闲”。更重要的一点是，搞笑内容具备很高的覆盖性，男女老少都喜欢。因此，当B站UP主自身具备较强的幽默搞笑天赋时，可以通过增强输出内容的搞笑力，提升自身对用户的吸引力，让用户在第一时间关注你，进而喜欢你。

搞笑力内容主要包括四种类型，如表3-3所示。

表3–3 搞笑力内容的类型

类型	内容	举例
讲笑话	通过相声、故事等形式，依靠语言、动作、情节等营造爆笑场景	比如UP主模仿某一知名相声演员，为大家讲笑话
冒傻气	UP主通过自嘲、自损等方式，通过演绎种种的“傻”营造娱乐氛围	比如到了高铁站，竟然不知道如何刷身份证上车，用各种“傻”方法尝试
搞笑情节剧	采用剧情演绎的形式，通过人物造型、语言、动作、情节等，带给用户丰富且持久的快乐	比如设计一个相亲短剧，通过男女双方衣着、性格、习惯上的碰撞营造娱乐剧情
失误	通过一次或多次“失误”，营造一个或多个爆笑场景，带给用户爆笑体验	比如不小心被绊了一下，失手将蛋糕盖在了朋友的脸上

B站UP主“小潮院长”发布的就属于搞笑力内容，以丰富且持续的爆笑力成功赢得了用户的喜爱。更难能可贵的是“小潮院长”发布的搞笑视频并不是那种很常见且庸俗的，不是为了搞笑而不择手段，而是和生活息息相关的视频，让用户在爆笑之余有所收获。截至2021年1月19日，“小潮院长”拥有粉丝504.6万人，视频获赞4503.6万次，如图3–7所示。

图 3-7 “小潮院长”的 B 站主页

3.3.3 治愈力

内容的“治愈力”，是指能够让用户通过观看内容甩掉负能量，内心变得阳光明媚起来。人人都有不开心的时候，有遇到挫折的时候，而治愈力内容则自带治疗、鼓励属性，因为很容易就带给用户温暖和力量，所以赢得他们的好感、关注、点赞和分享。

具体而言，治愈力内容可以分为三类，如表3-4所示。

表3-4　治愈力内容的类型

类型	内容	举例
萌化类	通过萌宠、卖萌等帮助用户驱赶负能量，带给用户满心的温暖和欢乐，吸引他们评论、点赞和分享	比如UP主和猫咪之间通过眼神互动，瞬间了解了彼此的想法，这种视频内容便具备很强的治愈力
正能量类	通过再现社会中的正能量内容，为用户内心注入温暖，赢得用户的好感	UP主以视频的形式再现“全城寻耳”热点，吸引用户关注
励志类	通过再现自己或他人与挫折、困难斗争并最终胜利的故事，为用户内心注入温暖	拍摄“北漂一族生根记”，通过讲述北漂励志故事为用户注入正能量

B站UP主“萌蛋人”，截至2021年1月19日，拥有粉丝24.7万人，获赞63.2万次。“萌蛋人”发布的内容具有两个非常鲜明的特点：一是视频中的主角都“萌萌哒”，可爱软萌的主角往往会在第一时间抓住人们的眼球，让人看了后便忍不住爱上；二是内容很有阅读性，能够满足人们的好奇心，带给大家愉悦的观看体验，如图3-8所示。

图 3-8　“萌蛋人”的 B 站主页

3.3.4　表演力

内容的表演力，顾名思义，是指UP主通过剧情表演、唱歌、跳舞等形式所展现出来的一种内容上的超级吸引力。比如，一位B站UP主，不仅身材姣好，长得漂亮，而且嗓音极佳，堪称天籁，其发布的唱歌类视频内容，便会在短时间内吸引用户关注。

具体而言，表演力内容主要可以分为四类，如表3–5所示。

表3–5　表演力内容的类型

类型	内容
歌唱类	UP主主要发布歌唱类内容，以优美的声音和音乐作为吸引用户关注的主要手段
舞蹈类	以舞蹈作为内容的主要载体，通过优美的舞姿和音乐吸引用户关注，获得高流量
绘画类	以展示娴熟的绘画技巧和传神的画作为方式，吸引用户围观，积累人气，擦亮品牌
挑战类	以各种挑战表演作为视频的主要内容，通过新、奇、高、难等标签吸引用户

图 3–9　“咸鱼绘画画”的 B 站主页

B站UP主“咸鱼绘画画”，其视频内容非常垂直，都是简单实用的绘画技巧。在“咸鱼绘画画”手里，各种线条都变成了“组装”美好的零件，有时候寥寥几笔，便将一位面带喜悦的美少女展现在用户眼前。因为绘画技巧高，分享方法简单实用，因此发布视频没多久的她，短时间内便吸引了18.4万粉丝（截至2021年1月）关注，如图3–9所示。

需要注意的是，表演力内容对UP主技艺要求比较高，表演能力要强，或唱歌好听，或跳舞好看，或画画得非常美，等等，假如UP主的表演能力较弱，则很难通过这类内容快速吸引用户关注，打响知名度。

3.3.5 技术力

技术力主要表现为各种技术展示，在“炫技”过程中吸引用户关注，提升UP主的品牌影响力。技术力往往会通过灯光、镜头的设计，再配上动感的音乐，营造出养眼且酷炫的画面。

技术力内容大体上可以分为四类，如表3-6所示。

表3-6 技术力内容的类型

类型	内容	举例
美食类	通过展示美食制作步骤和分享美食烹饪技巧，吸引用户眼球	每日发一个家常菜视频，分享选材、烹饪技巧
职场工作类	主要展示和分享职场所需工作类技能，以高效、实用为主要吸睛点	每周发布一个PPT制作视频，介绍解决各种PPT制作相关问题的技巧
生活技巧类	通过展示生活痛点和解决技巧，吸引用户关注，赋予内容强大的吸引力	分享如何高效疏通水管、马桶等技巧，为用户提供解决生活中常见问题的方案
兴趣类	通过展示各类兴趣技能技巧，为用户提供问题解决方案，吸引用户关注	分享钓鱼技巧，分享跑步技术，分享山地车骑行要点，等等

拥有517.1万粉丝（截至2021年1月）的“美食作家王刚R”便属于技术力类型的B站UP主，他的视频内容中既有各类菜品的制作技术，诸如“三蒸九扣”的年菜、川味版火焰醉鹅等，又有烹饪知识的分享，诸如“黑山羊每个部位的吃法”“香料冷知识”等。超高的烹饪技术配合详细的讲解和无私的分享，让他的视频内容显得格外吸引人，如图3-10所示。

图 3-10 “美食作家王刚 R”的 B 站主页

3.3.6 鸡汤力

鸡汤力，顾名思义，是指通过向用户灌输犀利的鸡汤文案引发强烈的价值共鸣，继而获得用户好感和关注。简而言之，鸡汤力内容的本质在于“认可”，在于“你真的懂我”，在于“说到了我的心坎里”。就像那些刷爆朋友圈的鸡汤文一样，它们的共同点就是能激起共鸣，有共鸣就能够获得点赞和分享，就能获得平台更强力的推荐，从而获得更大的影响力。

通常而言，鸡汤力内容主要包括三类，如表3-7所示。

表3-7　鸡汤力内容的类型

类型	内容	举例
代言类	通过内容为用户代言，将他们心中想说但又说不出来的观点、思想、价值观等表达出来	比如推出“我为什么那么想上清华”系列视频
共情类	在内容中对用户的生活和工作状态感同身受，以深刻的剖析引发用户情感上的共鸣	比如针对加班一族推出“熬夜的18种状态”视频
方案类	UP主在内容中针对用户群体遇到的普遍问题提出自己的解决方案，获得用户的强烈认可	比如推出“如何让自己在女生眼中更帅”系列视频

“布兜大师”是B站一个新人UP主，建号时间短，发布内容少，但吸粉的速度却非常快速。截至2021年1月20日，建号只有3个月的他便拥有了6.8万粉丝，获赞46.2万次。之所以能在短时间内吸引这么多用户的关注，是因为他的内容既有鸡汤力又幽默风趣，往往能够让人从中汲取到足够多的向上的力量。比如《最强催泪：人，为什么要努力》，借助影视情节层层分析了努力的原因，一次次强调“不试一试怎么会知道”的观点，在用户群体中引发了强烈的共鸣，获赞29.6万次，有1.3万条留言评论，被转发5.7万次，如图3-11所示。

图 3-11　《最强催泪：人，为什么要努力》视频截图

3.4 做好原创内容是成为B站人气王者的必经之路

对B站UP主而言，原创力让其上传的内容具有核心技术，也是其上传内容主要的竞争力，因为相对于搬运，原创内容能够更加精确地承载UP主的观点和情感，更容易引发用户的共鸣。因此，UP主想要快速成为B站人气王者，必须要做好原创内容。

3.4.1 利用新闻热点做原创内容

B站很多UP主在做原创内容时，总是备尝“三没”——没有思路、没有选题、没有材料之苦。其实做原创内容的思路、选题和材料都可以从热点中挖掘，一方面，热点万众瞩目，自带关注度，更易于吸引用户点击；另一方面，演绎或者剖析热点的内容和形式更容易，创作成本更低，产出率更高。

“蓝色咖啡2019”是B站一位新人UP主，其推出的第一个视频《触目惊心的人为生态灾难！万亩沙漠防护林被毁，敦煌防沙最后屏障几近失守》，便因为贴近“生态环保”热点而备受关注，发布17小时后，播放量便达到了惊人的22.5万次，吸引用户留下了2094条评论，如图3-12所示。

图 3-12 “蓝色咖啡 2019”发布的热点内容视频

需要注意的是，并非所有的热点事件都能被利用，对于一些负面热点，若操作不当，不仅不会提升内容吸引力，反而会给UP主的品牌建设带来较大的负面影响。

那么，B站UP主如何利用新闻热点创作原创内容？通常而言，B站UP主可以按照三个步骤打造热点内容。

步骤一：甄选热点

UP主可以通过各大网站和社交平台收集当前的热点，从中选出用户最关注的事件。比如有一段时间网上非常关注“塑料姐妹花”的话题，就有很多UP主专门在B站发布与此相关的内容，吸引了很多用户观看，收获了很高的人气，关注的粉丝数也因此提高了不少。

甄选热点的标准如表3-8所示。

表3-8　甄选热点的标准

标准	内容分析	举例
人气高	热点的关注度要高，如此内容发布后才能第一时间吸引用户眼球，获得较强的传播力	UP主批判“代孕弃养”，解读国内外“代孕”相关法律
能量正	热点必须自带正能量属性，或者能够通过剖析、批判、戏说等方式挖掘出正能量观点	UP主分享春节回家前配合防疫的各种准备措施
契合定位	热点必须和B站UP主的定位契合，或者在某一方面存在着某种联系	游戏行业的UP主解读“未成年人巨款充值”

步骤二：提炼核心点

确定热点事件后，UP主需要对其进行分析，从中提炼出自身可利用的核心点。一件事能够成为热点，必定有其核心关注点，UP主所要做的事情就是找到它。

比如2021年春节期间，部分地区要求返乡人员持7日内核酸检测阴性证明，这一政策引发了广泛的关注。这一热点事件的核心点是什么呢？不是“核酸检测阴性证明”，也不是“7日内”，而是“返乡”二字——哪些人员才算返乡人员，界定标准是什么？抓住了这个核心点，将之融入发布的内容中，才能最大限度地吸引用户眼球。

步骤三：围绕核心点设计新内容

找到了热点的核心点，UP主还需要围绕核心点设计新内容，表达自己的观点，吸引用户参与讨论，引发用户情感共鸣。

比如“春节返乡人员需持7日内核酸检测阴性证明”，UP主在解读“返乡”时，将其和“跨省”画上等号，提出“从一省返回另一省的家时，需要提供7日内核酸检测阴性证明”的观点，抛砖引玉，吸引用户参与话题讨论，引导用户分享、转发视频。

3.4.2 深挖行业做原创内容

B站UP主在做原创内容时，除了可以利用新闻热点外，还可以立足自身定位的行业，通过深挖行业获得新材料，形成新话题，创作更具吸引力和影响力的原创内容。

那么，如何深挖行业找到新的原创素材呢？具体而言，UP主可以从三个方面入手，如表3-9所示。

表3-9 深挖行业寻找新素材的方法

方法	内容分析	举例
细分	通过对行业进行细分再细分，找到对目标用户而言更新鲜、更具触达性的内容	比如动漫UP主可以采用“戏说”的形式解说动漫人物
差异化	通过有意识地创作差异化内容，为内容贴上特殊标签，吸引用户在第一时间关注和分享	比如其他美食类UP主都在分享“好吃的”食物，你却分享“奇怪的”食物

续表

方法	内容分析	举例
专业化	不断加强内容的专业化，继而不断提升用户的获得感，吸引用户转发、分享	比如分享有用的说话技巧，教导用户如何在说话时体现高情商，等等

3.4.3 放大创意做原创内容

内容因为创意而变得特别、精彩，继而在第一时间吸引用户关注。因此，B站UP主在做原创内容时，需要不断融入创意，以新、奇、特的原创内容在用户心中留下深刻印象，不断增强品牌力。

B站UP主“木农爷爷”，虽然进驻B站的时间并不长，但是因为其发布的内容创意十足，神奇有趣，所以每个视频都比较火。“木农爷爷”善于通过灵巧的双手制造各类传说中的“神器”，诸如木头98K、木头投石器、马里奥赛车、圆环自行车等。其发布的视频《木头做把加特林有多帅？配上橡皮筋，火力全开，扫就完事儿了》，因为创意十足，好看好玩，截至2021年1月播放量破百万次，如图3–13所示。

图 3–13 “木农爷爷”发布的创意视频

那么，在策划内容时，如何激发创意呢？UP主可以按照两个步骤找到好创意，为视频内容增添不一样的色彩。

步骤一：明确主题

UP主首先需要明确内容的主题是什么，比如想要拍摄一个展示春节文化的视频。

步骤二：头脑风暴

确定主题后，UP主要尽可能地列出各种各样的想法，然后评估这些想法，找出最有创意的。比如拍摄一个展示春节文化的视频，可以拍自己过春节，可以拍身边的外国人过春节，可以设计角色再现历史人物过春节，等等。

3.5　掌握高品质内容创作模板

对很多的B站新手UP主而言，创作的内容品质如何，关系视频的推荐量、人气，更关系品牌的打造速度。那么，如何在一开始便创作出高品质内容呢？其实方法很简单，高品质内容创作存在着固定的模板，新手UP主在创作初期按照这些模板创作内容便可达到良好的引流效果。

3.5.1　框架模仿法

所谓“框架模仿法”，顾名思义，就是通过模仿爆款内容框架打造自身内容的方法。框架模仿法一方面可以让新手UP主获得更多的创意，快速打造出高品质内容；另一方面也可使其快速积累人气，吸引用户关注，安稳度过新手期，迅速进入品牌成长期。

比如春节临近，B站上再现“放假状态”的视频火了起来。UP主可以总结那些爆火视频的框架：放假前，爸爸妈妈盼星星盼月亮期望儿女回家；放假第一天，爸爸妈妈视儿女若王子公主，好吃好喝，要啥给啥；放假第七天，王子变青蛙，公主变卖火柴的小女孩。UP主可以将这个框架代入“寒假结束回校上学”这个主题中：离家前一天，父母敲锣打鼓；离家后第三天，父母嘘寒问暖；离家后第N天，父母思念绵绵。如此，借助爆款视频成熟的框架，UP主可以轻松创作出强吸引力的内容。

在具体操作时，B站UP主可以从以下两个方面进行模仿：

其一，随机模仿。看到什么视频火，就提炼出其框架，在相同或类似主题下创作一个新内容。

其二，跟随模仿。寻找和自己定位相似的大咖，B站内外都可，分析其经典内容的框架、套路，植入一个类似选题中，融合成新的内容。

3.5.2 场景扩展法

B站UP主在确定自己的目标用户用后，便需要围绕他们进行内容创作——用户喜欢什么便创作什么，用户关注什么便生产什么。这就需要UP主围绕目标用户所关注的焦点，列出核心关系，联想多个场景，然后根据角色冲突设计对话，构建内容。

比如，UP主的目标用户为已经工作的年轻人，可以按照三步进行场景扩展，如表3–10所示。

表3–10 场景扩展法的步骤

步骤	名称	内容
第一步	确定关系	以年轻用户为核心，列出8种核心关系
第二步	列出场景	分别以8种关系为核心，列出8个常见的、最有冲突的沟通场景
第三步	设计对话	在64（8乘8）个场景中，为每个场景设计3段对话

根据目标用户，很容易就可以得出第一层核心关系，如图3–14所示。

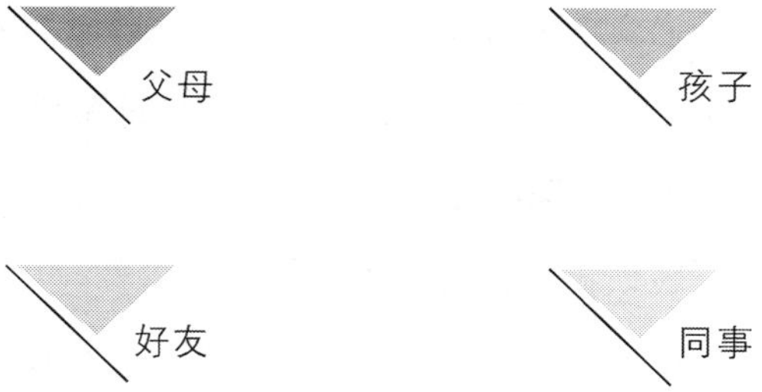

图 3-14　以年轻用户为核心的 4 种核心关系

在这4种核心关系中，还会衍生出次级关系：爷爷、奶奶、叔父、伯母；孩子的同学、老师；好友的父母、朋友；同事的亲人、好友。

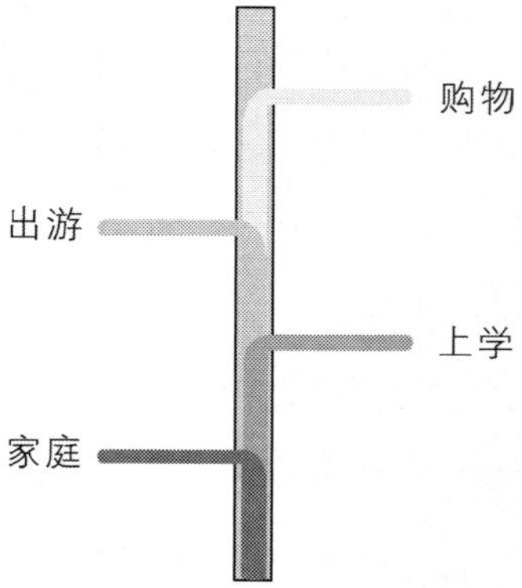

图 3-15　和孩子相关的 4 个场景

确定好第一层核心关系后，UP主便可以在此基础上扩展次级关系。比如围绕着和孩子间的关系，可以扩展出4个场景，如图3-15所示。

接下来，UP主基于以上4个场景，还可以扩展出次级场景，如图3-16所示。

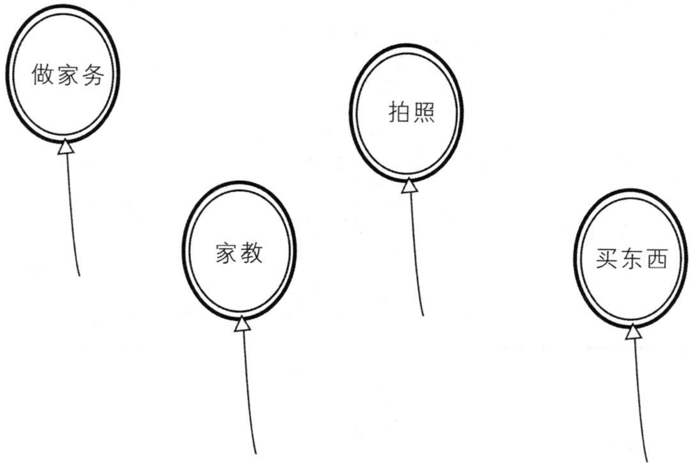

图 3-16　上级场景延伸出来的次级场景

根据这8个场景，分别给每个场景设计3段对话。以买东西为例：

（1）挑选篮球鞋对话。

（2）消费价值观对话。

（3）金钱来源对话。

角色之间的冲突关系都会在场景中有所体现，然后根据其寻找素材加以创作即可。

3.5.3 情感共鸣法

情感共鸣法是指以情感上的触达为核心，通过话题、回忆等方式，引发用户共鸣，激发他们的点赞、分享等行为。比如，“80后”做过的事情，“90后”听过的歌，“00后”玩过的游戏，等等，当用户看到这些内容时便会产生无限遐想，怀念过去，想起某件事情、某个人、某个场景，继而对UP主发布的内容产生强烈的认同感。因此，在B站上的很多爆款视频内容都属于情感共鸣式的，玩弹珠、做手工玩具、在湖面滑冰之类的视频不仅点赞量多，被分享的次数也很多。

以情感共鸣法打造优质内容，在具体操作时，UP主可以套用四个主题模板，如表3-11所示。

表3-11 情感共鸣法的主题模板

主题模板	内容分析	举例
回忆	讲述人生中的过往片段，讲述记忆中最难忘的瞬间，讲述印象最深刻的人和事情，引发用户共鸣	讲述记忆中农村儿童的小游戏和小创意
向往	很多人都有当前还未拥有但是未来想拥有的东西，分享这些向往，可迅速引发共鸣	向往在上海市中心拥有属于自己的一个小窝
痛点	和用户讲他们需要的，帮助他们实现诉求，痛点式内容更易于引发用户的情感共鸣	和不富裕的人讲如何“省钱”，和学生讲如何提高成绩

续表

主题模板	内容分析	举例
人性	迎合人性的内容更易于引发用户的共鸣，迎合目标用户人性的内容，便能牢牢抓住他们的眼球	向女性用户讲述一只流浪母猫刚生完一窝小猫，饿得骨瘦如柴真可怜

3.6 爆火内容的五个套路

在打造品质内容之路上，UP主还可以通过已经被无数次证明过有效的创作套路保证内容之于用户有吸引力。站在巨人的肩膀上我们才会看得更远，同样的道理，使用被无数人证明过有效的创作套路，也能在很大程度上确保内容的品质，提升其成为爆火内容的成功率。

3.6.1 塑造角色

内容好不好，和角色塑造得鲜明不鲜明有着直接关系：角色塑造越鲜明，个性越突出，越能抓住用户的眼球，内容在用户眼中自然有吸引力，值得点赞和分享；角色塑造平平，没有任何标签，用户自然一眼都懒得看。

比如B站UP主“咕噜咕噜小丸子-”发布的视频《有些小东西出现就是为了来治愈你的》中，便塑造了一个个超级“萌”的角色——有能够和人“对话”的猫咪，有长相“威武”的哈士奇，有对人“微笑”的田园犬……

这些鲜明的角色在用户看第一眼时便击中了他们的内心最柔软的地方，牢牢抓住了他们的眼球。因此，这个视频发布3天后，便播放了87.9万次，获赞4.9万次，吸引用户留下了626条评论，被转发1.1万次，如图3-17所示。

图 3-17 《有些小东西出现就是为了来治愈你的》视频截图

在具体操作时，UP主可以通过三种方法塑造鲜明的角色，如表3-12所示。

表3-12 塑造鲜明角色的方法

方法	内容	举例
夸张	通过夸大或者夸小的方式，将角色性格塑造得更加鲜明、形象，达到吸引用户眼球的目的	用夸张的方式介绍一只宠物狗
拟人、拟物	通过拟人或者拟物的方式，让原本想要描述的事物或人物以更加鲜明的形象展示在用户眼前	将猫人格化，通过和猫对话强化猫的“萌”
对比	通过反差性极强的对比，让角色个性变得更加鲜明，在用户心中留下更加深刻的印象	美与丑，胖与瘦，老与少，贫穷与富有，等等

3.6.2 演绎剧情

演绎吸睛剧情，是指UP主将或曲折或富有创意的剧情作为内容的吸引点，在第一时间吸引用户的关注。比如有位UP主制作的视频《在不是女朋友生日的那天，突然给她过生日》，剧情就非常吸引人：UP主找了很多朋友，为他们安排了任务，让原本普通的聚餐瞬间变成一场“生日聚会”。“整人”标签以及猝不及防的惊愕和大欢喜剧情，让用户对该视频产生了很强的期待感，吸引了众人围观。

可见，演绎吸睛剧情，内容爆火的可能性会大增。那么在具体操作时，UP主如何演绎剧情呢？除了原创剧情外，UP主还能以对现有剧情进行改编的方式“变废为宝”。在具体操作时，UP主可在原有剧情基础上通过三种方式获得更具吸引力的剧情，如表3-13所示。

表3-13 演绎剧情的方式

方式	内容	举例
剧情添加	为原有视频添加剧情，将平淡变为曲折，使内容更具故事性	将技术类视频融入相亲剧情中，以喜剧形式彰显技术力
剧情延续	对已有一定热度的视频，UP主可以进行剧情延续，确保内容吸睛	采用添加情节、解读悬念、改变角色等方法延续剧情
剧情修改	对一些爆品内容，UP主可以采用修改剧情的方法塑造新内容，获取关注度	针对性地修改角色性格，修改角色结局，使剧情戏剧化，等等

需要注意的是，UP主在演绎剧情时，所选择的既有剧情必须要有一定的知名度，其展现的价值观、文化等必须具有主流特性，如此新剧情才更易吸引用户关注，获得用户认可。另外，在演绎剧情时，UP主需要尽量为其注入吸睛点，比如喜剧化、悲剧化、创意化等，因为有了鲜明的标签，内容才更易吸引年轻用户的注意。

3.6.3 替换视角

人人都渴望自己的内容能够与众不同，能够在第一时间抓住用户的眼球，令他们欲罢不能。其实想要做到这一点并不难，UP主只需要简单转变一下视角，便能创作出用户眼中具有明显差异化的内容，继而快速聚集人气，打响个人品牌。

比如社会上很多人都在说外卖小哥辛苦，说他们风里来雨里去，身上挑着千斤担，于是都为他们点赞。UP主在创作内容的时候，针对这种观点，则可进行视角替换，将视角从“外卖员”替换为“我们”，拍摄一个展示我们生活状态的视频，配上这样的文案：“都说外卖员辛苦能干，我们也很辛苦啊！每天的时间都花在工作和交通上，天不亮就要挤公交去上班，一路堵车行驶37公里，折腾2小时，到了公司特别忙，下班后回到住所，已经是晚上11点了！”

这种视角替换制造出来的内容是不是极具差异化？打工人，人人都不容易，视角一变，自然能易引发用户情感上的共鸣。

在具体操作时，UP主进行视角替换的方法主要有三个，如表3-14所示。

表3-14　视角替换的方法

方法	内容	举例
行业视角	以一个行业的视角去解读另一个行业，从而得出差异化的观点，引发用户关注	从业十年的医生改做美食，不求味道好，但求营养佳
身份视角	以一个身份代替另一个身份，继而得出对比明显，或者喜剧化或悲剧化的结论	不仅人长得美，而且饭做得超级好，以后不知道便宜哪个小子
对立视角	站在一个对立身份看待正在发生或者已经发生的事情，得出一个带有明显喜剧效果的结论	孩子眼中寒假是这样的……；妈妈眼中寒假则是这样的……

3.6.4　土味情话

B站UP主在创作内容时，还可以从感觉入手，以饱含感情的对白吸引用户关注。要知道人是情感动物，对亲情、爱情、友情等有着天然的关注倾向，而对B站的年轻人而言，在诸多情感中，爱情无疑是神秘而又令人向往的。基于此，当UP主发布的内容不仅有趣还有情味时——加入土味情话，便会快速引起用户的关注，继而促使众人分享视频。

通常而言，B站UP主可以按照三个套路设计土味情话内容。

套路一：女追男

在很多人的印象中，男女恋爱时，男方总是主动的一方，会首先向自己喜欢的女生表达爱意。假如女生成为主动的一方，向自己喜欢的男生表达爱意，那么用户便会感到很新奇、很有趣，关注的意愿自然变得异常强烈。

例如下面这段对白。

女："帅哥，帅哥，我有一样好东西，想要送给你，你要吗？"

男："什么东西？"

女："闭上眼睛，把手伸出来。"

等到男生闭上眼睛把手伸出来后，女生便将自己的手放上去，一脸娇羞地说道："我，你要不要？"

套路二：段子式情话

例如下面这段对白。

男："美女，有男朋友吗？"

女："没有。"

男："介不介意有一个？"

套路三：神转折

例如下面这段对白。

男："你有地图吗？"

女："怎么了？"

男："我在你的眼睛里迷路了。"

3.6.5 现身说法

现身说法，是指具备某种特殊身份的UP主主动发布用户关注的内容，以"真实""权威"等标签快速引发用户的关注和分享。现身说法式内容能够借助视角和身份上的特殊优势提升内容在用户心目中的分量和价值，继而快速引爆人气，实现大范围传播。

比如B站上很多人分享考研复试的经验，回答者几乎是清一色的刚刚参加复试的学生。这个时候，假如UP主有"复试评委老师"身份，发布的内容肯定会获得更大的关注和数以千计的点赞。原因很好理解：具有"复试评委老师"身份的UP主比较稀缺，其发布的内容在用户眼中肯定更具有权威性，价值更大。

现身说法式的内容，UP主的身份很重要，通常可以分为三种身份，如表3-15所示。

表3-15　发布现身说法式内容的UP主的三种身份

身份	内容	举例
热点事件当事人	社会热点事件本来就备受关注，当事人现身说法，还原事件本末，阐述个人感受，极易引发关注	“××事件”当事人
从事特殊行业的人	所从事的行业不为大众所熟悉，或者带有一定的神秘感。以特殊行业从业者身份发布的内容很容易吸引用户关注	酒店体验师、入殓师等
领域内权威人士	在行业内取得了一定的成就，或者拥有某种权威性职称的人，发布的内容往往更引人注目	医院医生、学校老师等

第 4 章

社交裂变：爆火不难，只需玩好“弹幕 + 代言 + 社区”三板斧

UP主想要在B站上有所作为，顺利完成从草根到网红的蜕变，在做精内容的同时，还需要做好社交裂变。特别是在发布的内容品质相差不大的前提下，谁能玩好年轻用户喜欢的弹幕，谁能说出年轻用户的心里话，和他们玩在一起，谁就能在第一时间走进年轻用户的心里，成为他们推崇和分享的对象。

4.1 无弹幕不B站

B站年轻用户最喜爱的是什么？经常泡B站的UP主第一个想到的肯定是弹幕——不管什么视频，年轻用户总喜欢通过弹幕将自己的观点抛出来，和志同道合的人在视频画面上互动，在弹幕区找到独有的乐趣。

4.1.1 年轻用户的弹幕文化

“弹幕”一词最初是一个军事术语，意思是炮火射击过于密集，以至于像一块幕布一样。视频弹幕最早起源于日本，用户在观看视频时，可以在视频画面上以字幕的形式发表评论。弹幕存在的意义除了表达用户对视频内容的看法外，最主要的一个功能是社交——你不是一个人在看。正是弹幕的存在，让喜欢热闹的年轻用户得以“抱团观看”，继而形成无时空距离的社交。

与中年人使用社交平台主要是交换信息的目的不同，年轻人更希望社交平台丰富、有趣，展现自身的个性，表达自己的观点，而弹幕的“共时性”则能满足他们在特定时刻在互动和社交中表达个性和观点的需求。

我们可以将年轻用户热衷弹幕的原因归纳为三点，如图4-1所示。弹幕在B站开始大行其道，各类缩略语如雨后春笋般出现。比如B站发布的2020年度弹幕显示，B站用户全年共发布了22亿条弹幕，其中“爷青回”以5420359次荣登榜首。“爷青回”是“爷的青春又回来了”的缩写，表达了B站年轻用户在变化后的环境中，面对曾经熟悉的人和事物时，油然而生的一种喜悦之情。

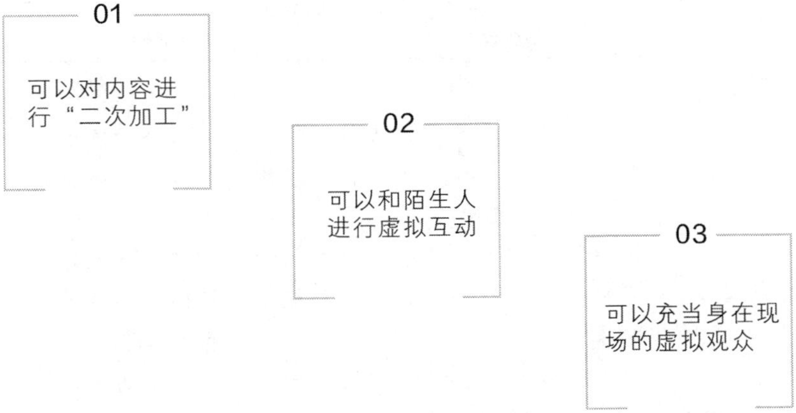

图 4-1　年轻用户热衷弹幕的原因

4.1.2　话题弹幕化

弹幕的本质是一种互动形式，用户通过弹幕可以和其他人玩在一起，感受到强烈的趣味性和认同感。UP主通过弹幕话题则可以有效地营造热烈的氛围，提升用户的参与感，进而在B站激烈的内容竞争中脱颖而出。

有经验的UP主会结合视频抛出话题性弹幕，以诱导性的话题抛砖引玉，激发用户的互动热情，引发弹幕潮。比如一条国风舞蹈视频，当主角做第一个动作时，UP主可以抛出“2333，柔术大咖”的话题，引导用户讨论主角柔韧的舞蹈动作，满屏的弹幕便会吸引更多人围观，人气自然会越来越高。

通常而言，UP主可以通过三类弹幕话题引导用户的关注方向，提升用户发弹幕进行互动的积极性，如表4-1所示。

表4-1 话题弹幕的类型

类型	内容	举例
引导性话题	针对剧情、人物、细节等抛出话题，引导用户的关注点，点燃用户发弹幕的热情	“这个动作确实牛，没经过专业练习的绝对做不出来！”
争议性话题	抛出一些有争议性的话题，刺激用户为了自己支持的观点积极发弹幕	“这个哏很好笑吗？我觉得并不好笑，谁能让我笑谁牛！”
引爆性话题	抛出一些具有引爆性质的话题，吸引年轻用户参与，刺激他们的分享行为	“前方高能预警，这歌儿唱得我的小心儿都要跳出胸脯了！”

4.1.3 弹幕游戏化

UP主除了可以利用具有话题性的弹幕引导用户的评论方向和提升他们的参与感外，还可以将弹幕游戏化，通过提升用户的现场感和获得感，提升自身与用户互动的活性和效率，快速提升话题的人气。

弹幕游戏化的实现方式如表4-2所示。

表4-2 弹幕游戏化的实现方式

方式	内容	举例
设计弹幕游戏	专门设计一款将弹幕作为启动指令、障碍或武器的游戏，吸引用户玩弹幕	弹幕版《打飞机》，使用键盘上的W、A、S、D键控制飞机躲避视频中的弹幕
设计问答游戏	UP主在弹幕中提出问题，吸引用户抢答，通过这种方式提升用户的现场感	“谁能看出这个视频是在哪里取的景？看出来的都是大神！”
设计抽奖游戏	UP主通过提问、猜谜等方式，给予用户奖品，以实实在在的奖励激发用户参与	“前方高能，注意，谁能第一个回答出问题就送蓝牙耳机。”

4.2 为用户代言

正所谓“女为悦己者容”，女性更喜欢在喜欢自己的人面前展示自己最美丽的一面。同样的道理，对B站的年轻用户而言，谁能为他们代言，为他们发声，说出他们内心想说又难以说出来的话，他们就喜欢谁，关注谁。

4.2.1 有观点

为用户代言的最简单也最有效方法是提炼出能够为目标用户群体发声的观点，说出他们的心里话。当UP主能够充当目标用户群体“代言人”角色时，便能快速吸引用户关注，刺激他们积极分享。

因此，B站UP主想要成功实现社交裂变，内容需要观点化。在具体操作时，UP主可以结合自身实际灵活采用三种方法提炼观点，强化自身“代言人”的形象，如图4-2所示。

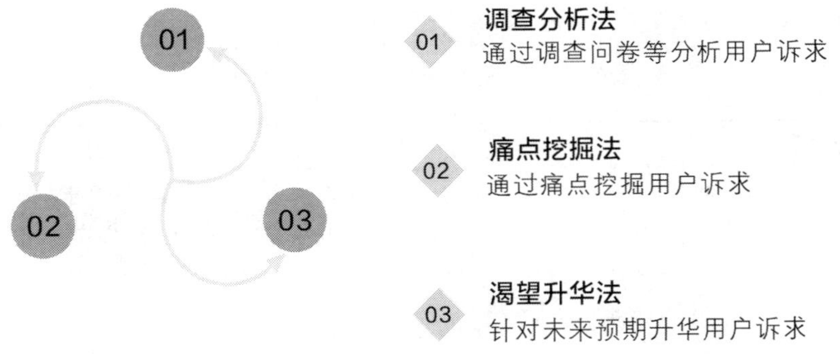

图 4-2 提炼观点的三种方法

4.2.2 有干货

吸引用户进行社交分享的内容往往都是极具价值的，即我们通常所说的干货满满。因为对用户而言，有价值、和他们相关，他们才会被吸引，才会在第一时间转发、分享视频，帮助UP主快速实现社交裂变。

什么样的内容才算干货呢？干货内容通常都具备三大特点，如图4–3所示。

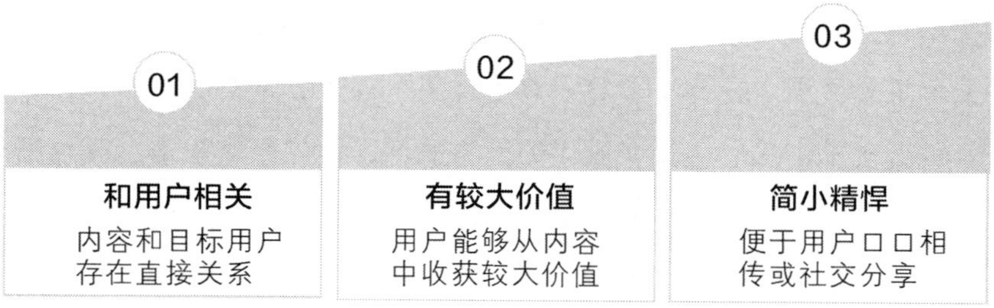

图 4–3　干货内容的三大特点

4.2.3　有趣味

用户愿意口口相传或通过社交媒体分享的内容，除了要有观点、有干货外，还需要有趣味。特别是在当前娱乐化内容大行其道的背景下，谁发布的内容趣味性强，谁便更易于快速吸引用户眼球，激发用户的分享行为。

那么，UP主如何才能让自己的内容有趣味呢？具体而言，UP主可以通过三种方法制造趣味性内容，如表4–3所示。

表4–3　制造趣味性内容的三种方法

方法	分析	举例
戏说法	通过戏说方式使原本看似平常的话题和内容变得有趣起来，吸引用户分享、转发	设想当日本动漫中的人物漩涡鸣人生活在中国会发生什么
创新法	通过创新，在风格、形式、内容等方面制造出新意，带给用户新奇体验，吸引用户转发、分享	将动漫角色真人化，以真人演绎经典动漫剧情
逆向思维法	通过逆向反说的方式，变平淡为新奇、有趣	临别赠言时不对对方说一帆风顺，而是告诉对方会有坎坷，不过相信对方可以克服

4.3　成为社区主角

大多数社区类平台都会建立一套会员等级制度，用户登录、创作内容都会获得经验值，不同经验值对应不同的等级，等级越高，享受到的权益就越多。B站也不例外，等级越高的UP主，不仅能够享受到更多权益，而且在其他用户眼中更具权威性。

4.3.1　B站的会员制度

B站作为一个充斥着各种各样内容的人气社区，为了激发成员的创作热情，提升用户互动积极性，建立了一套完整的会员等级制度。

UP主通过答题测试后可以成为B站会员，从而拥有会员等级。之后，通过不断积累经验值，从LV1开始，在达到一定目标后晋升到下一等级，这样逐步晋升，最高等级为LV6，如表4–4所示。

表4–4　B站会员等级表

会员等级	达到要求
LV0（注册会员）	注册成功
LV1	通过答题测试
LV2	获得200经验值
LV3	获得1500经验值
LV4	获得4500经验值
LV5	获得10800经验值
LV6	获得28800经验值

不同等级的B站会员享有不同的权益，发稿、参与评论和弹幕等基本权

益在低等级时便能得到保障，但为了迎合B站的弹幕文化，提升用户的参与感和在场感，B站还设置了高等级才能获得的更多弹幕相关特权，如表4–5所示。

表4–5 不同等级的B站会员对应的权益

权益和等级	LV0	LV1	LV2	LV3	LV4	LV5	LV6
视频投稿	√	√	√	√	√	√	√
滚动弹幕	×	√	√	√	√	√	√
发送私信	×	√	√	√	√	√	√
发送动态	×	√	√	√	√	√	√
彩色弹幕	×	×	√	√	√	√	√
高级弹幕	×	×	√	√	√	√	√
视频评论	×	×	√	√	√	√	√
顶部弹幕	×	×	×	√	√	√	√
底部弹幕	×	×	×	√	√	√	√
风纪委员	×	×	×	×	√	√	√
点评功能	×	×	×	×	√	√	√
购买邀请码	×	×	×	×	×	1个/月	2个/月

4.3.2 高级会员是怎样炼成的

会员级别越高，所享受的权益和资源就越多，创作出好作品的概率就越大，而好的作品则可以让UP主获得更多的经验值，更快升级。如此一来，UP主在B站便会进入一个良性循环中，更快地获得用户的认可。

除了持续投稿上传优质内容外，UP主还可以通过绑定手机、绑定邮箱、观看视频、投币、分享等常规方法快速获得经验值，如表4–6所示。

表4–6 UP主获得经验值的方法

方法	经验值
每日登录	获得5经验值
每日观看视频	获得5经验值

续表

方法	经验值
每日视频投币（上限50经验）	获得10经验值
自己的视频获得1硬币	获得1经验值
每日分享视频（手机客户端）	获得5经验值
第一次绑定手机	获得100经验值
第一次绑定邮箱	获得20经验值
第一次实名认证（主站）	获得50经验值

4.3.3 高等级UP主自带“火”的属性

一方面，高等级UP主能够享受B站更多的权益，通过更多的功能与用户玩起来，快速提升氛围，聚集更多的人气；另一方面，高等级UP主在用户眼中更具权威性，更易获得用户的关注、认可和分享。

可见，高等级UP主往往比低等级UP主更易获得用户关注，更具“火”的属性。比如“Super也好君”为B站LV6会员，擅长以各类搞笑力十足的解说愉悦用户——除了优质的内容输出外，其还善于借助高等级会员享受的各类弹幕功能和用户互动，引导大家的关注方向，引爆视频观看氛围。正是由于有优质内容输出基础上的高等级会员功能性和权威性加持，“Super也好君”的许多条视频播放量都达百万次，如图4-4所示。

图 4-4 “Super 也好君”的 B 站主页

4.4 一个好人设让转发量达千万次

人设，是指人物形象的设定，比如是专家还是普通人？是“中二”青年还是年轻学霸？在B站，大部分用户都是依靠人设来识别UP主的，是知名的游戏玩家还是著名的网红？是幽默的段子手还是严谨的科普作家？是人见人爱的舞者还是人见人笑的幽默大师？人设打造得越好，用户对其印象就越深刻，用户的印象越深刻，用户被圈粉的可能性就越大。

4.4.1 根据用户需求打造人设标签

B站UP主最终服务的对象是用户，因此，UP主的人设必须首先满足用户的需求。UP主李子柒的“田园诗歌”和“传统手工制作”为什么大受欢迎？答案很简单，它们能够满足用户的需求——田园诗歌因为“城市梦想的破灭”而被用户关注，传统手工制作则因为“传统手工制作工艺的流失”而被用户关注。假如UP主仅仅根据“我喜欢”打造人设，而非从“用户需要”出发打造人设，那么用户便不会和你的内容产生任何关联和共鸣，自然也不会喜欢你、关注你、期待你。

通过用户画像找到目标用户

对UP主而言，先要抓住用户需求，首先要确定自己的目标用户。通常而言，UP主可以通过用户画像的方法确定自己的目标用户群体，即通过分析挖掘用户尽可能多的数据信息而确定用户群体的大体轮廓。

通常而言，UP主可以从四个方面提炼数据，为自己的目标用户画像。

基本属性：性别、年龄段、地域等。

社会属性：收入水平、资产情况、职业职位等。

行为属性：购物偏好、兴趣偏好、理财偏好等。

心理属性：崇尚自然还是喜欢改造、注重性价比还是只选好的等。

比如一位美妆UP主，便可通过数据表勾勒出目标用户的大体轮廓，如表4-7所示。

表4-7 美妆领域的目标用户画像

性别	女
年龄	18～40岁
收入水平	月收入6000～12000元
居住地	一、二、三线城市
学历	本科及以上
爱好	逛街、购物、美颜等
当前状况	掌握一定的化妆技术，但不太熟练，对眼睛等局部化妆有较大需求
化妆习惯	日常只擦BB霜，画眼线，涂口红
消费习惯	购买化妆品、护肤品较多，但缺少正确的使用方法

采集目标用户需求数据

UP主确定自身的目标用户群体后，下一步的工作就是采集目标用户群体的需求数据，然后从中提炼出真实的用户需求，在此基础上打造人设。

通常而言，UP主可以通过三个步骤采集目标用户需求数据。

（1）选择合适的需求数据采集方法。当前，UP主可以结合自身实际情况，灵活选择五种采集方法，如图4-5所示。

图 4-5　采集用户需求数据的五种方法

（2）对用户需求进行调查。UP主结合自身实际情况选定适合自己的用户需求调查方法后，便可以具体实施，采集用户需求数据。以调查问卷方法为例，其流程主要如下：

首先，确定调查目的。比如UP主要推出的视频内容是否能满足用户需求？如果能，是否满足了全部需求？如果没有全部满足，满足的是哪部分需求，没有满足的又是哪一部分？

其次，设计调查问卷。虽然各类调查问卷大纲内容都有自己的特点，格式也丰富多样，但都需要遵循五个原则，才能确保调查结果真实可靠，如图4–6所示。

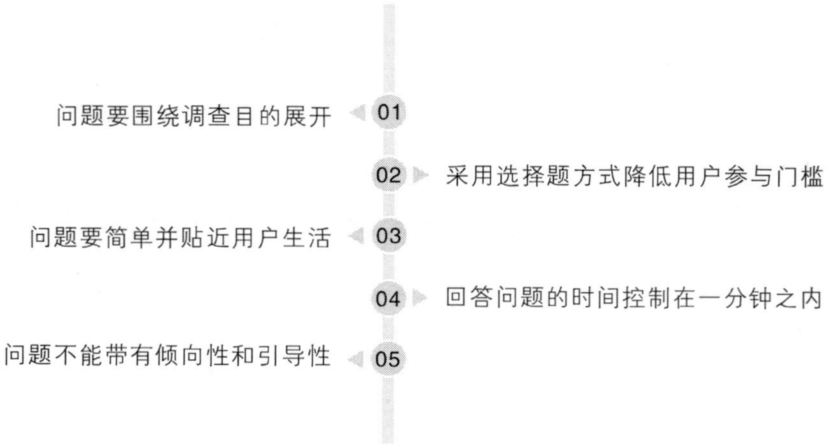

图 4–6　设计用户需求调查问卷需遵守的五大原则

（3）对采集的用户需求数据进行提炼。采集完用户需求数据后，UP主还需要对这些需求数据进行提炼和分析，看看哪些是伪需求、哪些是真实需求。在分析用户需求时，UP主可以通过马斯洛需求层次理论或KANO需求模型，分析用户的需求属于哪一种类型，自己是否有能力满足他们的需求，同时UP主也要对该类需求是否有市场进行判断。

辨别用户需求真伪

很多UP主经常会遇到这样的困局——明明是根据用户需求打造的人设，为什么对他们的吸引力却很弱呢？一个最主要的原因是UP主采集的需求并不是用户的真实需求。因此，UP主在提炼用户需求时，还需要去伪存真。

通常而言，UP主在筛选用户的真实需求时需考虑三点，如图4-7所示。

图 4-7 筛选用户真实需求时需考虑的三点

4.4.2 根据自身能力打造人设

B站UP主的人设并非无中生有，凭空想象出来的人设即使看起来很诱人，如果没有能力上的支撑，在用户眼中必然会名不副实，不为用户所接受。因此，B站UP主需要根据自身能力打造人设，才能持续产出与之相匹配的内容，真正走进用户内心。

简而言之，UP主的人设需要一系列内容支撑，比如UP主想要打造一个长袖善舞的舞者人设，前提是UP主会跳舞，且必须跳得非常好；要打造一个美食大咖的人设，那么UP主首先必须会做菜，且做出来的菜需要比一般人做的更好，色香味俱全，有技巧，有创意。如此，UP主打造出来的人设才名副其实，才能快速吸引用户关注，成功打造品牌。

具体而言，UP主可以通过三步打造符合自身能力的人设。

步骤一：找到自身能力边界

巴菲特说过："对你的能力圈来说，最重要的不是能力圈的范围大小，而是你如何能够确定能力圈的边界所在。如果你知道了能力圈的边界所在，你将比那些能力圈虽然比你大5倍却不知道边界所在的人要富有得多。"因此，B站UP主需要首先确定自身能力的边界，确定自己能做什么，不能做什么。

比如一位致力于美食类创作的UP主，她能把各种家常菜做得很好，不管颜色还是口味都很吸引人。这位UP主却想将自己的人设定位为李子柒一样的"古风手工美食家"，但是她却没有认识到，她之所以能够做出精美的家常菜，借助的是现代化的厨房设备，假如离开了这些设备的支持，她是不能将普通食材变为美食的。基于此，这个"古风手工美食家"的人设便超出了这位UP主的能力边界，其根本无法如同李子柒那样做出唯美的古风美食视频。

具体而言，UP主可以通过三种方法确定自身能力边界，如图4-8所示。

图 4-8　UP 主确定能力边界的方法

步骤二：只做能力圈内的事

UP主确定了自身能力边界后，需要“抵挡住诱惑，只做能力圈内的事情”，特别是自身擅长的事情，持续创作高品质内容。比如UP主视频剪辑技术过硬，可以每天发布视频剪辑教程，以此吸引渴望学习视频剪辑技术用户的关注。假如UP主放弃视频剪辑内容去跟风做动漫视频，可能会因为没有动漫制作能力、缺少动漫知识储备等原因而竹篮打水一场空。即使一两个视频吸引了一些用户，时间一长用户就不会再关注。而原先因为“视频剪辑技术内容”而吸引的粉丝也因为你发动漫内容而选择取消关注，UP主的“剪辑专家”人设因为没有坚持只做能力圈内的事而崩塌后，UP主必然也会被粉丝抛弃。

步骤三：扩大能力圈边界

人的能力并非一成不变，而是随着我们的学习积累而不断提升。因此，只要UP主肯学习，善积累，能力边界也会不断扩展，能力圈子自然会随之不断扩大。比如UP主想打造一个“古法手工制作美食家”的人设，原本UP主的能力边界是“做现代类美食”，但是通过持续学习古法手工制作美食的方法和不断创新，这个能力边界也会随之扩大，UP主“古法手工制作美食家”的人设也就变得名副其实。

4.4.3 差异化人设才能快速锁定用户眼球

所谓差异化战略，是指商家或企业有意识地打造有别于竞争对手的产品、服务和品牌，以在行业内获得鲜明的辨识度。UP主在打造人设时，也需要秉持差异化战略，以鲜明的辨识度增强自身竞争力，快速吸引用户的关注。

具体而言，差异化的人设主要有四大作用，如图4-9所示。

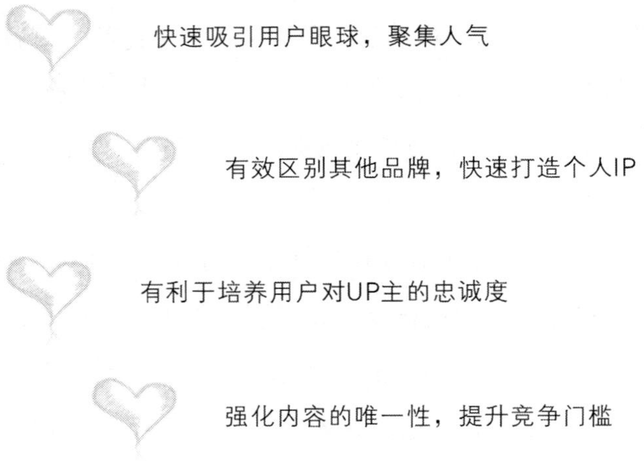

图 4-9　差异化人设的作用

既然差异化人设之于UP主有如此重要的作用，那么UP主如何打造自己的差异化人设呢?

打造差异化人设三问

UP主在打造差异化人设前，需要首先明确三个问题，如图4-10所示。

图 4-10　打造差异化人设三问

增强封面差异性

UP主想要突出自身人设的差异化，从账号头像或视频封面入手是一个非常简单、高效的方法。很多时候，人们往往会以貌取人，个人的外表标签性越强，差异化越明显，便越容易被人记住。B站人设同样如此，通过嵌入独特的封面头像或打造个性化的封面风格，可以有效强化自身人设在用户眼中的差异化印记。

具体而言，UP主可以通过三个方法增强封面差异性，如图4-11所示。

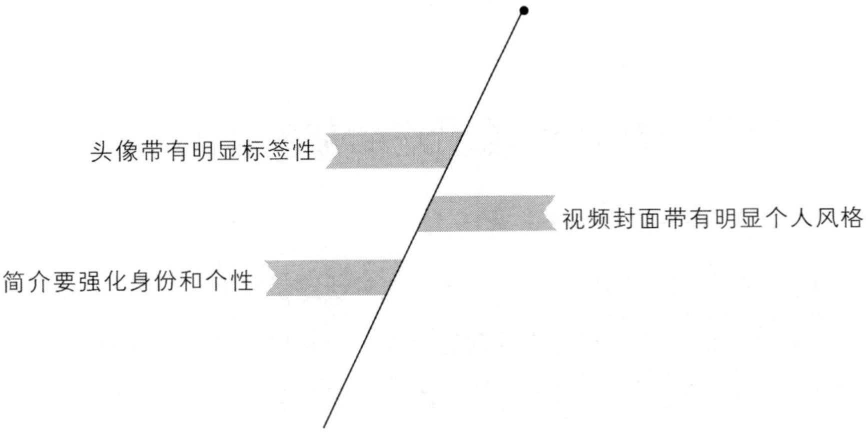

图 4-11　强化封面差异性的三个方法

打造差异化内容

UP主人设的差异化并不会因为一个头像、一句简介、几个视频封面就被用户认可，除了这些外，要想增强人设的吸引力和影响力，UP主还需要实现内容上的差异化，以高品质的新奇内容打造一个又一个记忆点。

比如，B站上的美食视频大都“诞生”于现代化的厨房，你则可以立足野外，在“原始”环境中烹饪出美食，并加入幽默诙谐的BGM（背景音乐），便可以打造出高辨识度的内容，带给用户新奇的视觉体验。

具体而言，UP主可以通过三个方法打造差异化内容，提升其辨识度，如图4-12所示。

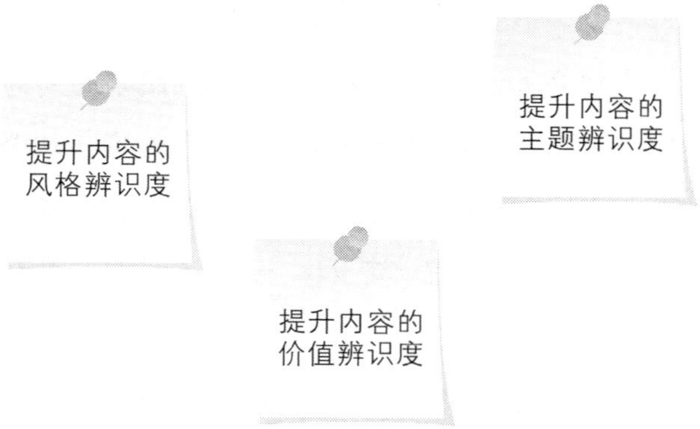

图 4-12 打造差异化内容的三个方法

4.5 互动一次，粉丝用户增加*N*个

B站并非是UP主唱独角戏的舞台，想要快速积聚人气，需要和用户持续互动。在B站上，UP主与用户互动的方式有很多种，包括解释和说明、提问和回答、征集意见、发起话题讨论、进行不同观点的辩论、发起投票、有奖竞答等。每一种互动都有其操作方法和作用。

4.5.1 互动时的四个技巧

互动不是简单地回复用户的评论，也不是简单地和用户在评论区“尬聊”，而是需要掌握一定的技巧，具体如下。

第一，表情动作丰富。B站上除了有短视频，也有直播，直播是UP主和用户互动最好的载体。在直播中与用户互动时，UP主的表情和动作要丰富。不少新手UP主在B站直播时容易犯一个错误：表情、动作僵硬，不够丰富，这也是直播没人气、互动没效果的主要原因。除了多笑，新手UP主还要考虑展现更多丰富的表情和动作，比如用剪刀手卖萌、手比爱心……不要小看这些细节的作用，这些细节可以给予用户更强烈的感官刺激，让他们感受到UP主的积极与热情，继而对UP主产生好感和信任。

第二，多说感谢。当用户对UP主有所表示时，不管是送礼物还是言语的夸赞，都要一视同仁，向对方表达感谢。如果能配上适当的赞美是最好不过的，比如：“谢谢××第二次送礼物，你真大方！”让用户感受到UP主的诚意与热情，并有意愿继续互动。需要特别注意的是，如果没有人送礼物时，也不能直接要礼物，这是非常让用户反感的行为，但是可以采用一些暗喻的词句索取礼物，比如“好久没有看到过××礼物了！”，以此来提高粉丝送礼物的积极性。

第三，建立段子库。不管是直播中与用户的互动，还是在评论区与用户的互动，甚至是与用户私聊，最好都能保持一定的幽默感。幽默的人一向更让人有好感。如果一些UP主，本身并不是幽默的人，则可以建立段子库，用段子和用户互动。当然，段子不能太过僵硬，表演痕迹不能过重。

第四，多谈自己的生活经历与感受。UP主可以和用户多聊一些生活上的小事，这样容易拉近与用户彼此间的心理距离。比如最近去哪里旅游了，生活上遇到了什么困扰，等等。

4.5.2 互动时需注意的问题

在互动时需要注意两个问题：

第一，做好跟进工作。互动中如果用户问了问题，那么就一定要负责任地查看用户的每一条回复和评论，自己也要积极地参与讨论。

第二，理性互动。有时候有些人可能会“出言不逊”，这个时候UP主要保持理性，不要和对方针尖对麦芒，更不要随便删除别人的评论。

4.5.3 回复评论的三大技巧

评论是B站UP主与用户互动的利器，用好这个功能，UP主可以更好地和用户进行互动，收获更多的人气。那么，如何用好评论功能和用户互动呢?

第一，注意评论语气，学会灵活变通。UP主在评论中的语气要与在视频中的语气一致，避免给用户造成混淆。在评论或者回复评论时，不能使用一成不变的评论内容，而是要根据不同的情况灵活选取不同的内容来回复。

第二，敏感话题评论要谨慎。在回复容易引起争议的话题时一定要谨慎，需注意两点：一是最好不要主动发布可能会引起争议的评论；二是回复负面信息时，先私信与对方沟通。

第三，重点评论优先回复。 当评论量非常大时，首先挑选重点评论进行回复，然后回复其他评论。重点评论包括四种类型，如图4-13所示。

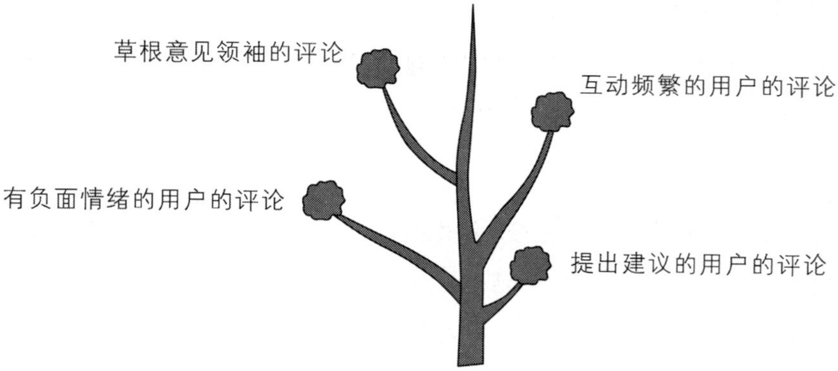

图 4-13　重点评论的四种类型

4.6 击中人性弱点一次，用户点赞百万次

不管世界怎么发展，B站上流行什么样的内容，只要其内容能戳中人性的弱点，就不用害怕用户不会关注。人性的弱点真不少，如贪婪、恐惧、嫉妒、喜欢攀比、害怕孤独、钟情免费、喜爱随波逐流……每一个弱点，都是B站UP主吸引用户的机会。

4.6.1 利用贪婪：你给用户实惠，用户就给你关注

大部分的人都喜欢贪便宜，哪里有便宜占，哪里就会聚集人群。所以，不论是国内还是国外，只要听说有免费的东西，总是有人关注，生怕自己错过了。虽然大家都知道天下没有免费的午餐，但是依然抵挡不住优惠甚至免费的诱惑。如果经常审视自己，就会发现自己常常会陷入“1折起”“清仓”“免费试用”等场景中。UP主在创作内容时也可以利用这一人性弱点，让用户感到有便宜可以占，用户自然会关注你。

4.6.2 利用虚荣：你满足用户的虚荣心，用户就满足你的流量需求

虚荣心是一种扭曲的自尊心，它是自尊心的过分表现，它是一种追求虚表的性格缺陷，是人们为了获得荣誉和引起普遍的关注而呈现出来的一种不正常的社会情感和心理状态。在具体行为上，虚荣心表现为盲目攀比、好大喜功、过分看重他人的评价、自我表现欲太强等。

不管是微博、QQ空间，还是微信朋友圈，这些社交平台都可以是自我炫耀、满足虚荣心的舞台。在互联网时代，自我虚荣心、自我满足感的需求

超出了任何时代。可以说，虚荣心有多大，市场就有多大。如果UP主能够在一定程度上满足用户的虚荣心，那么就不用愁用户的关注度。

4.6.3 消除自卑：你给用户自信，用户给你关注

每个人都有不同程度的自卑感，这种心理表现为对自己缺乏正确的认识，在生活中没有自信，做事思虑过多、畏首畏尾、随波逐流，没有主见，一做错事就认为自己不够好。阿德勒对自卑感有特殊的解释，称其为自卑情感。他对这个词主要有两种相联系的解释：第一，指以一个人认为自己不如别人的自卑观念为核心的潜意识欲望、情感所组成的一种复杂心理；第二，指一个人由于不能或不愿意进行奋斗而形成的掩饰作用。由此可见，自卑是可以通过调整认识和增加自信心并给予支持而消除的。也就是说，你如果能打造出改变用户自卑心理的视频，那么用户就一定会关注你。

4.6.4 改变消极：你让用户变得积极，用户也给你动力

消极情绪是指某种具体行为中，由外因或者内因影响而产生的不利于人继续完成工作或是正常生活的思想和情感，其与积极情绪相对。消极情绪因人因事因时而产生。比如因受到了他人的挖苦或是讽刺，莫名其妙地情绪爆发。因此，如果你发布的视频能帮助用户改变消极情绪，那么用户肯定就会关注你，甚至会持续关注你的作品。

第5章

视频制作：这样做，获得10万观看量不用愁

B站UP主“敖厂长”发布的每条视频为什么都能获得上万次点赞，“记录生活的蛋黄派”发布的美食怎么那么多人叫好，“暴走漫画”如何俘获500多万粉丝的心……很多人都会好奇，为什么他们的视频发一个就会火一个呢？其实原因很简单，因为他们善于将视频的封面、文案、音乐、特效等打造成吸睛点。

5.1 封面靓，点击率才高

现实生活中，看一个人，总会先看对方的脸，发现对方是美女或者帅哥，心情便会愉悦起来，结识、攀谈的兴趣也会大大提高。封面之于视频的作用便类似于脸面之于人，封面靓，给予用户的视觉冲击力就强，给予用户的美感才更强烈，用户点击观看的意愿才更高涨。因此，点击观看量超过10万次的视频，往往都拥有一张漂亮的封面。

5.1.1 提炼内容亮点做封面

UP主发布的视频和电商平台上的商品类似，商品的卖点越鲜明，越能在第一时间吸引用户的眼球，刺激他们购买的欲望，同样的道理，视频内容亮点越突出，视频对用户的吸引力就越强，用户点击观看的意愿就越强。因此，B站UP主在发布视频时，封面需要有足够的内容亮点。

B站UP主“进击的金厂长”，在学生寒假到来之时，发布了一个名为《当代青年放假现状》的视频，5天便吸引用户点击122.8万次。这个视频如此火爆，除了其选题切中青少年假期痛点引发用户共鸣之外，还和其吸睛的封面有着很大关系。

和其他UP主随便将内容的某一片段作为封面不同，“进击的金厂长”专门为这条视频设计了一个幽默性和场景性十足的封面：放假在家的主角在尽情地玩着游戏，母亲手持鸡毛掸子张牙舞爪地出现在门口。这个封面非常形象地向用户展示了视频内容亮点：当代学生放假回家后，母亲就是老师，还是老板！

那么在具体的操作中，UP主如何提炼内容的亮点呢？方法有二，如表5-1所示。

表5-1　提炼内容亮点的方法

方法	内容	举例
提炼创意	年轻人喜欢新奇有创意的内容，将内容中的创意点提炼到封面中，能够显著提升吸引力	以棒球棍作为辅导写作业视频的封面，强调威慑力
展示痛点	封面就是痛点，让人看了一眼就产生代入感，迫切地想要点击看个究竟	爸爸的大型双标现场，女儿吃鸡腿，儿子啃鸡脖

有这样的“脸面”，用户观看视频的欲望自然会无限放大。所以，封面必须要结合输出内容展现出亮点，让用户在第一时间便喜欢上你的视频。

5.1.2　使用文字封面画龙点睛

除了可以利用内容亮点来吸引用户点击观看外，B站视频封面还可以利用文字精准地向用户传递价值，提升用户对视频的期待感，继而无限放大他们观看视频的欲望。

通常而言，文字式视频封面主要有四个作用，如图5-1所示。

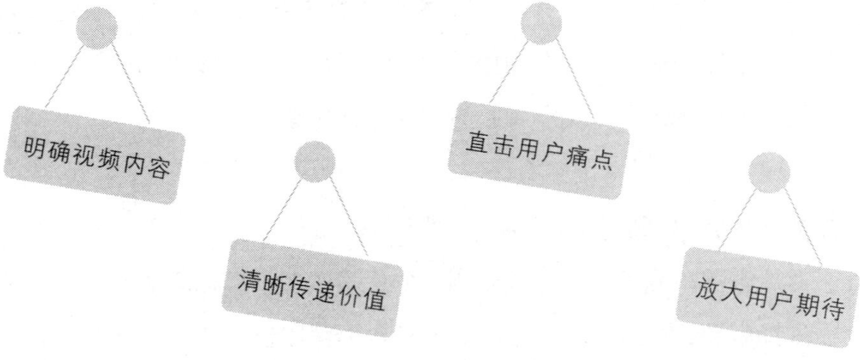

图 5-1　视频文字封面的四个作用

也就是说，文字封面设计得当，可以有效地体现视频标签的含义，放大视频之于用户的价值，继而大大提升视频之于用户的吸引力。比如在封面中添加以下文字：

“再厉害的肖邦，也弹不出本小姐的悲伤。”

“其实，我一直站在你身后，只是你不懂得回头。”

“后来，我嫁给了生活，他娶了前程。”

“你看我还有几分像从前？”

“在大学，就知道这些，该多好！”

“自律，怎么像呼吸一样简单？”

这些封面文字，或展现视频的风格基调，或直接点明内容亮点，或挑明想要告诉用户的秘密，或传递某一方面的感悟和经验……这些文字显然能够成倍放大视频在用户眼中的价值，可以在第一时间抓住用户的眼球。

需要注意的是，B站是一个发布视频的平台，UP主无法利用B站为视频设计文字封面，但是UP主可以利用第三方的软件工具来给视频封面添加文字。

以“爱剪辑”软件为例，UP主打开“爱剪辑”软件，添加之前拍摄的视频，然后点击字幕特效，就可以为视频添加文字。另外，UP主还可以给视频加入一些贴图等。UP主为视频加入文字后，准备上传到B站平台，在选取封面时，就可以选择有文字对白的图片作为封面。

5.1.3 强化创意使人一见钟情

人对新奇的东西天生就充满了强烈的探索欲望，而创意的本质就是在现实存在的理解和认知基础上，赋予事物一种新的思维和意识。因此，越有创意的视频封面越容易吸引用户的眼球，刺激用户点击观看。

在设计视频封面时，B站UP主可以灵活使用四种方法营造强烈的创意感，如表5-2所示。

表5-2 增强视频封面创意的方法

方法	内容	举例
借代	封面创意的借代手法是指采用其他有共性的元素来替代经常使用的元素，继而将抽象的问题形象化，最终实现情感上的共鸣	用蝴蝶的翅膀遮挡美女的半张脸，以动物的美丽部位替代人类的美丽部分，在用户眼中自然更有创意，更值得点击观看
同构	UP主通过大胆创造和想象，在同一画面中将两个或以上带有独立意义的图形按照一定的规律加以构建、排列和融合，组成新的图形	足球和汽车，数字和大桥，等等。同构封面既能表现内容主题，又能发挥用户的想象力，通常会激发用户点击观看的欲望
文字图形化	正所谓“书画同源”，许多中国文字本身便具有图形般的美观，因此UP主可以使用文字图形化的方法提升封面的创意感，吸引用户关注	用文字组合成图形；用图形组合成文字；将文字意象化处理
夸张	使用夸张的方法，将视频对象的特点和个性中美的方面放大，继而产生一种新奇和变化的情趣	放大功效，放大细节，表情特写，等等，都可以快速抓住用户的眼球

5.1.4 构建场景引人入胜

场景是构建画面感的重要因素，场景感越强，用户看到标题后就越容易产生身临其境之感，进而产生点击观看的兴趣。因此，UP主在拟定标题时，要善于为其注入场景元素。

那么，如何让短视频封面更具场景感呢?

一是调动五感。当封面能够给予用户视觉、听觉、嗅觉、味觉和触觉上的刺激时，大脑会更加活跃，用户的场景感自然更强烈。因此，封面可以聚焦口、鼻、耳、手等器官，也可聚焦能够引发感官反射的食物、色彩、气味等。

二是展现事件发生的场所。假如视频内容聚焦的是某件事，封面则可展示这件事发生的场所。比如视频内容展示的是保护野生动物，那么封面可以是野生动物在森林中奔跑的画面，也可以是它们被人类抓住后在笼子里挣扎的情景。

三是聚焦某一环节。封面可以是视频内容的某一个环节，比如表现篮球比赛的视频，封面可以是某位运动员灌篮的瞬间；展示美食的视频，封面可以是锅内翻炒食物的画面。

5.2 文案秀，一句话吸引用户眼球

一条优秀的视频，除了具有高清优美的画面之外，还必定具备撩人心魄的文案，很多时候，一段画龙点睛的文字便能带给用户极致的享受，继而牢牢吸引他们的眼球，并激发他们分享视频的行为。因此，B站UP主想要打造出火爆的视频，首先要做好文案秀。

5.2.1 B站视频文案制定步骤

很多UP主在策划视频文案时，总是有种“丈二和尚，摸不着头脑”的感觉，不知道如何下手才好。之所以出现这种困惑，一个最基本的原因是没有掌握B站视频文案的制定步骤。

通常而言，UP主可以通过三个步骤制定视频文案。

步骤一：列出视频各项信息

UP主可以在白纸上或空白文档中详细列出视频的各方面信息，诸如视频中展现的人物是男是女，其性格有何特点，说了什么话做了什么事情；视频中展现的产品有哪些功能，价钱如何，什么人会用到它，性能怎么样，有什么优点和缺点，适用于哪些场景；等等。如果视频是一个故事，那么要思考这个故事表达的是什么，针对的人群是谁，寓意何在。

步骤二：列出目标用户，思考创意

UP主将视频的目标用户列出来，在此基础上思考各种能够激发他们兴趣和关注的创意。比如视频的目标用户是美食爱好者，有可能激发他们关注UP主的创意，除了食物超级好吃之外还有什么呢？是选材省钱还是烹饪方法简单？是由五星级酒店大厨还是民间美食达人烹饪？

步骤三：提炼文案

根据用户信息，选择一个最具吸引力的创意，将视频的特点等信息转化成用户看得懂而且有共鸣的文字。比如“如何做家常菜”这个主题，可以通过五星级酒店大厨UP主教你做家常菜这个创意来提升视频的价值，吸引美食爱好者观看，提炼出来的视频文案可以是这样的：“五星级酒店大厨教你做家常菜，不值钱的大白菜瞬间变成能养生的‘富贵菜’。”

至此，一篇文案的大致工作就可以说是完成了。如果UP主对文案的表达不满意，还可以修改文字、调整顺序等。

视频文案的制定步骤可以简单地概括为三步，如图5–2所示。

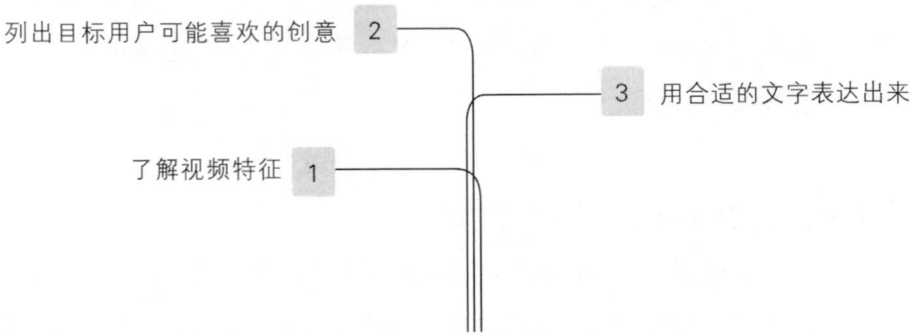

图5–2 视频文案的制定步骤

这三个步骤看上去简单，但是制作文案最难的是创意。那么，如何根据目标用户找到创意呢？UP主可以在目标用户喜好的基础上，灵活运用三种方法挖掘创意，如图5-3所示。

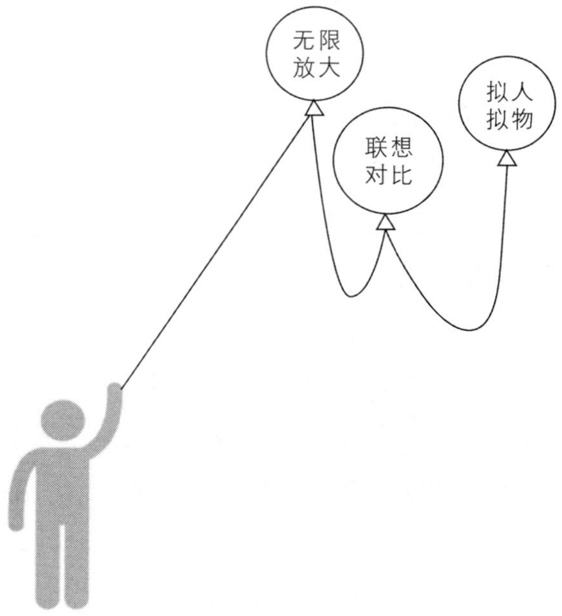

图 5-3　挖掘创意的三种方法

当然，想要挖掘出足够的创意，UP主需要不断地积累专业知识，善于对事件本质进行思考和挖掘，在此基础上才能收获更多新奇别致的点子，总结出一些有吸睛力的金句。

5.2.2　打造四个文案引爆点

对UP主而言，掌握了视频文案的制定步骤，是不是就可以打造出播放量超十万甚至百万的视频呢？当然不是，想要打造出爆款视频，文案除了要“能看”之外，还需要具备一个特点：“够爆”。要知道视频文案的最终目的是吸引尽可能多的用户观看、点赞、分享该视频，让更多的人关注发布视频的UP主，进行信任背书。

那么，什么样的文案才算“够爆”呢？通常而言，具备引爆功能的文案都具备相应的触点，也就是引爆点，如图5-4所示。

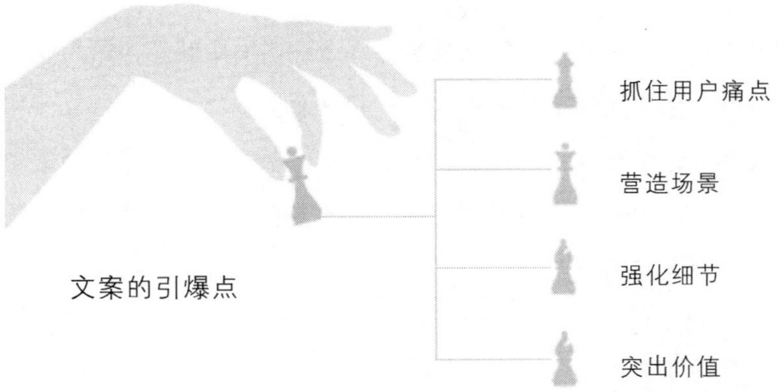

图 5-4　文案的四个引爆点

爆点一：抓住用户痛点

所谓痛点，是指用户一直渴望却不能获得的事物或者一直备受困扰却无法解决的问题。对UP主而言，视频文案只有抓住了用户痛点，才能精准地触及用户，吸引他们关注，如此才能持续拨动用户的心弦，用户转化率自然而然便会提高。

那么，UP主在设计视频文案时，如何抓住用户痛点呢？在具体操作时，UP主可以从两个方面挖掘用户的痛点，如表5-3所示。

表5-3　挖掘用户痛点的方法

方法	内容	举例
站在用户视角思考	找痛点不能凭空想象，要站在目标用户的视角，以用户视角想一想他们最关注的是什么	十几岁的年轻人最关心的是如何提升学习成绩
进行充分的用户调查	UP主需要了解目标用户喜欢何种视频，最迫切需要解决的问题是什么，做到知己知彼	通过微信、私信等渠道了解大学生关注的问题

爆点二：营造场景

很多时候，视频能否吸引用户，和展现的场景有很大关系：一个具体的产品使用场景更能让用户直观感受到视频所展示的产品特性。比如UP主在视频中分享自己使用过的一款化妆水，那么在文案中就应该聚焦女性使用化妆水的场景，比如和爱慕的男生约会，和好朋友一起去旅行，或者和同学、同事聚餐等。这个时候，用户通过这些场景，便能直观地感受到这款化妆水的与众不同，认识到它的使用价值，对其便会心生更高的期待感，分享该视频的积极性也会变高。

B站UP主可以用三种场景提升视频文案对年轻人的吸引力，如表5-4所示。

表5-4　提升视频文案吸引力的三种场景

场景	内容	举例
搞笑场景	年轻人对搞笑的场景天生没有免疫力，他们崇尚愉悦，乐于展示个性和自我	与同学、家人甚至老师开玩笑的场景，父子幽默对话的场景
恋爱场景	年轻人对爱情有很高的关注度，觉得爱情神圣，又想尝试	和爱慕者第一次对话的场景，地铁上的惊艳一瞥，等等
精进场景	对年轻人而言，学习是一个如何也避不开的话题，因此学习精进场景对他们有很强的吸引力	考试失利之后“头悬梁”深夜苦读的场景

爆点三：强化细节

很多时候，对细节的聚焦能够显著提升视频的品质，使其在用户眼中变得更精致，更有看点。因为具体到细节的描述能让视频的特性更为直观，让描述看起来更为真实可信，能让用户根据文字的引导，了解更多的视频信息。

在具体操作时，如果准备上传的是包含人物的视频，UP主可以通过三种方法强化人物的细节，如表5-5所示。

表5-5　强化人物细节的方法

方法	内容	举例
聚焦神态细节	具体描写人物神态上的细节变化，突出人物在某种场景下的心理变化	门“砰”的一声被踹开，正在打游戏的他吓得嘴都合不拢
聚焦动作细节	通过动作细节的描写，强化人物性格特征，引发用户共鸣	考了100分的他左手捏着卷子，右手提着书包，迈着“六亲不认步”
聚焦语言细节	通过聚焦人物语言细节，营造欢快、幽默、焦虑等氛围，吸引用户关注	她一开口便山东味十足，一句“俺饿了”让大家都笑翻过去

爆点四：突出价值

视频可以为用户带来什么价值，为他们的生活和工作带来什么积极的改变？在这个信息爆炸的时代，用户关注的往往都是对他们具有一定价值的信息，对“与己无关”的信息则不会看一眼。因此，UP主的视频文案需要一开始便阐明自身价值，让用户明白他们可以通过视频获得何种好处。

在B站上有一条教大家如何系出漂亮鞋带的视频，不管是观看数还是点赞数，都超过了10万，这个内容看似平淡无奇的视频为什么可以火起来？因为它的文案很有引导性，“穿裙子这么系”，简单的6个字，带给用户一种隐形的暗示，即鞋带系得美，搭配出来的裙子也会显得更美，整体造型就会加分，那么约会时，就会更加靓丽，在人群中也会更突出……这样就可以吸引用户点击观看视频。

5.3 音乐美，让用户点击视频后不忍离去

B站是一个人气视频平台，UP主想要在海量的作品中快速打响知名度，发布的视频不仅画质要好，主题要有新意，还需要有好的背景音乐。这就好比导演拍电影，就算画面再美，没有合适的背景音乐作衬托，也无法实现意境的升华。音乐的作用就是提升视频整体效果，可以让用户的情感、心理与视频内容融合，使感情升华。

5.3.1 根据视频内容选择音乐

无论是用B站App拍摄视频还是上传视频，UP主都可以为视频添加背景音乐。那么UP主如何选择音乐呢？在具体操作时，UP主需要“只选最合适的，不选最好的”，即根据视频内容选择音乐，而非根据音乐本身的名气做选择。

新手UP主进入B站App后，点击页面右下角“我的”按钮，在“我的”页面即可看到“发布你的第一个视频”栏，点击右侧的“有奖发布”按钮，直接拍摄，点击“下一步”按钮，便可以选择音乐。点击右下角“音乐”按钮后，在跳出的板块中点击“添加”按钮，便会进入“添加音乐页面”，UP主可以在该页面添加本地、热门、曲库、收藏中的音乐，也可以在搜索框中输入歌曲名或歌手的名字，精准地找到想要添加的音乐，如图5-5所示。

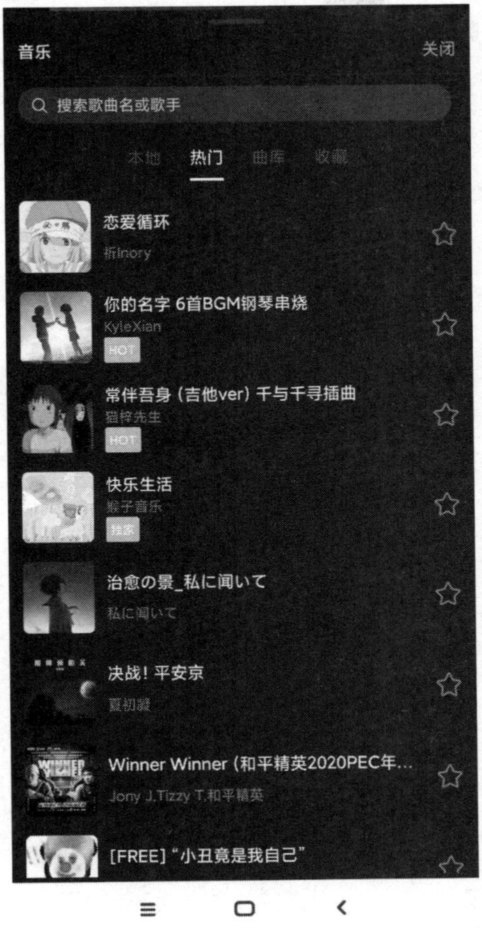

图 5-5　B 站添加音乐页面

假如UP主选择上传事先拍摄好的视频，可以在上传完视频后，点击“音乐”按钮来选择契合视频主题内容的音乐。

总之，无论选择哪种方式发布视频，都不能只选择当前火爆的歌曲，而是要选择与拍摄内容契合的背景音乐，这样才会为你的视频增色加分。

5.3.2 创作独一无二的原声音乐

B站虽然能够提供很多音乐，但是大家都在使用，时间久了便会出现痛点——大家都在使用一样的背景音乐，很难突出自己的风格。特别是在强调创意和个性的B站，用户对同样的音乐很容易产生审美疲劳，很多音乐虽然好听，但是用户听的次数多了，便会觉得索然无味，关注视频的兴趣自然会小很多。

因此，UP主想要凭借音乐为视频加分，让视频变得独一无二，就不能选择大众化音乐。简而言之，运用别人的音乐既不能避免审美疲劳，又不能淋漓尽致地展示视频所要表达的主题思想。

具体而言，UP主创作原声音乐的方式主要有二。

方式一：自创

假如UP主自身有较强的音乐天赋，可以自己现编歌词，创作出一首新曲。这种完全自创的新曲因为是UP主根据自身感受创作的，所以能够更贴切地阐释UP主的情感。更重要的是，UP主自创的新曲，一方面拥有“新”的属性，能够带给用户全新的感受，更易于吸引用户的关注；另一方面，UP主自创的新曲如果品质较高，人气较旺，还可以一战成名，快速打响品牌。

方式二：全新演绎

虽然完全自创歌曲对UP主好处多多，但是由于自创新曲专业性太强，难度较高，因此对绝大多数UP主而言，自创显然并不现实。这个时候，UP主可以通过新颖的形式全新演绎已有音乐，将用户的关注焦点由音乐本身转移到演绎形式上。

B站UP主“音_嘤嘤”专注输出音乐领域作品，除了演奏动人心弦的古筝类专业曲目外，还以另类乐器全新演绎经典曲目，从而深受用户喜爱。比如其发布的视频《谁在用毛线弹奏一曲〈东风破〉》，因为演绎乐器闻所未闻，仅仅依靠一根红毛线便惟妙惟肖地弹出了歌曲《东风破》的神韵，吸引了大批用户观看和分享。截至2019年12月13日，该视频播放565.4万次，获赞41.4万次，被分享5.6万次，如图5-6所示。

图 5-6 “音 _ 嘤嘤”发布的火爆视频

5.4 用好镜头拍好画质

很多UP主在拍摄视频的过程中，或多或少都会遇到这样的问题：“非专业出身，拍视频总是凭感觉；画面不对劲，却又找不出具体问题是什么。”其实，之所以会这样，是因为在拍摄视频时构图出了问题。

5.4.1 视频美不美，就看比例好不好

摄影大师阿诺德·纽曼（Arnold Newman）曾说过一段话：“我不想要随便的背景，周围的场景必须要加入构图并且能够帮助观者了解照片主角。不管被摄者是谁，这都必须要是一张有趣的照片，单纯的人像照没有意义。”

构图对于拍摄是非常重要的，它将现实生活中三维立体的世界，通过相机镜头再现在二维平面的照片上，通过对画框内景物的取舍与光线的运用，使画面达到突出主体，聚焦视线、美化的效果。因此，掌握构图的方法，可以使视频的画面更加好看。

对称式构图法

对称式构图法是指镜头左右或上下都有人或物，其优点是平衡、稳定、互相呼应，但缺点是过于呆板、缺少变化。其适合表现对称的物体、建筑或具有特殊风格的物体，能够给人一种稳定、安逸、平衡的感觉。

对称式构图法的操作方法很简单，UP主只需按照一定的对称轴或对称中心，使画面中的人或景物形成轴对称或者中心对称即可。

三分构图法

三分构图法是最常用的一种构图方式，是根据黄金分割产生的简易分割，用这个分割方法，画面很容易达到平衡。实际上，三分构图法的分割是把一个区域作为中心，用边和目标重合。可分为九宫格三分法、垂直三分法、水平线三分法。目前绝大多数相机和手机都设置了九宫格辅助构图线，适合拍摄各种题材，特别是风景、人物。

操作方式：

（1）九宫格三分法。目标如果无法填充全部画面的1/3，可用横竖线将画面分为九个格子进行构图，从而使画面产生灵动活泼之感。

（2）垂直三分法。目标垂直于画面左右1/3处，会使画面变得更加动感，呈现出更加充实的画面。

（3）水平线三分法。水平线处于画面上1/3或下1/3处，在需要创意时可以让分割线处于中间地带。

引导线构图法

引导线构图法是指利用线条引导观看者的目光，使之汇聚到画面的主要表达对象上，适合用来表现大场景、远景。引导线并不一定要是具体的线，只要是有方向性的、连续的东西，都可以称为引导线。在现实生活中，道路、河流、整齐排列的树木、颜色、阴影，甚至是人的目光都可以当作引导线使用。

操作方式：

（1）找汇聚线。汇聚线是引导线中最典型、最常见、效果最好的一种。只要找到平直延伸的道路、隧道或者其他的长条形物体，进行平位远拍，其相机自带的透视效果就能产生汇聚线。

（2）强化吸睛效果。引导线的最大意义就是吸引注意力，因此要尽量加强这种效果，可采取如下两种方式：一是利用广角镜头。广角镜头可以放大前后景的距离感，位于下边缘的汇聚线起点就能分得更开，使汇聚线显得更加有气势。二是在汇聚线两旁安排大量的重复景物，可产生强大的视觉冲击力，从而达到吸睛的目的。

框架式构图法

框架式构图法是指利用框架将画面框起来的构图方法，引导用户注意框内景象，这种构图方法在视频中会产生一种窥视的感觉，让画面充满神秘感，以此增加画面的吸引力。在拍摄时留心观察周边环境，可以找到许多能用来搭建框架的元素，比如门窗、栏杆、树丛、墙上的洞；另外，雨雪、雾气，甚至是非实体的光影，都可以承担框架的作用。

操作方式：

（1）遮挡“无趣”天空。如UP主在旅游途中遇到万里无云的大晴天，就可以找一片树丛，将其作为前景框架，透过它来拍摄，遮挡住单调乏味的纯色天空，如此一来，就可以产生较好的视觉效果。

（2）增加画面层次。如果视频画面缺乏层次，没有空间纵深感和力度感，就可以使用框架式构图，以增加画面层次。

（3）排除干扰物。当画面中出现很多干扰物时，就可以利用框架选择性地将干扰物遮挡起来，突出主体。

中心构图法

中心构图法是指将主体放置在画面中心进行构图，优点是主体突出、明确，而且画面容易达到左右平衡的效果。当画面中只有单一的主体而并无其他陪衬景物时，将主体置于中心位置无疑是最佳选择。缺点是画面容易变得凌乱，主体选择需慎重，操作不当会令视频效果变差。

操作方式：

（1）主体要选择相对饱满的，所占的比例要大一些，单独条状体不适合使用此法。

（2）背景不能杂乱无章，只有合适的背景才能更好地烘托主体。

（3）善用浅景深的拍摄方式。如果没有找到简洁的背景，可利用浅景深的拍摄方式，比如放大光圈、拉长焦距等，如此就能让主体从背景中突显出来，加强主体的表达。

5.4.2 不同角度，不同视觉效果

在使用摄像机拍摄视频时，镜头角度是影响视觉效果的关键因素之一。对同一拍摄对象而言，不同方向、不同角度的造型，能够产生不同的视觉形象和画面结构，从而给用户带来截然不同的视觉感受。

摄像高度

摄像机和被拍摄对象之间在高度上的差异能够营造出不同的视觉效果，UP主可以根据预想的视觉效果灵活调整摄像机的高度，使最终拍摄出来的视频对目标用户更有视觉吸引力。

（1）平摄。其是指摄像机和被拍摄对象处于同一水平线。这种拍摄视角和人们日常生活中观察事物的视角一致，所拍摄的对象在形象上更加饱满，不容易变形。需要注意的是，平摄视角运用得过多，可能会让拍摄出的画面显得比较呆板。

平摄根据拍摄视角不同又可分为正面平摄、侧面平摄和斜面平摄。

正面平摄：镜头光轴与被拍摄对象“面对面”。

侧面平摄：从与被拍摄对象视平线成直角的方向进行拍摄。

斜面平摄：从介于正面和侧面之间的视角进行拍摄。

（2）仰摄。即所谓的“仰拍”，是指拍摄视频时，摄像机从低处向上拍摄。在拍摄视频时，仰摄视角适合拍摄高处的人或景物，能够让被拍摄的人或景看起来更加高大雄伟，凸显其高度和气势。

因为透视的关系，仰摄会使得画面中水平线降低，前景和后景中的人或物在高度上的对比随之发生变化，从而使得处于前景的人或物被突出和放大，最终制造出强烈的视觉冲击效果。

（3）俯摄。即所谓的“俯拍”，是指拍摄视频时，摄像机从高处向下拍摄。俯拍的视角能够让视频的视野看起来更加开阔，经常用来表现浩大的场景，展示人物的方位和阵势。俯拍出来的画面往往会给用户一种居高临下、深远辽阔的感觉。

摄像方向

除了摄像高度可以影响视频的视觉效果外，摄像方向也会在很大程度上影响视频的视觉效果。因此，UP主需要根据期望达到的视觉效果选择适合的摄像方向。

（1）正向拍摄。其是指摄像机从和被拍摄对象正面成垂直方向的位置拍摄，可以凸显被拍摄对象的特点、特色，使其成为画面的焦点，因此更容易让其在用户心中留下深刻的印象。

熟练运用正向拍摄，UP主的视频才能更好地展现被拍摄对象的正面特征，诸如女性的高颜值、男性面孔的坚毅、建筑的高大庄严等。

正向拍摄有两种拍摄方式。一是面对面拍摄。摄像机与被拍摄的人或物面对面，捕捉其具体的特征。二是站在被拍摄对象的对称线上拍摄。当被拍摄对象体积比较大的时候，UP主可以站在其对称线上进行拍摄，这样更容易拍出被拍摄对象的正面特色，构建良好的视觉效果。

（2）侧向拍摄。其具体分为正侧方向拍摄和斜侧方向拍摄两种。

正侧方向拍摄是指在摄像机和被拍摄对象正面方向成90度角的位置上进行拍摄。正侧方向拍摄能够看清被拍摄对象的外部轮廓特征，使其在视觉上更富于变化，更具线条美、朦胧美。

斜侧方向拍摄是指摄像机偏离正面角度，或左或右环绕被拍摄对象移动到正侧方向之间的位置进行拍摄。斜侧方向既能够表现被拍摄对象正面或侧面的形象特征，又能让被拍摄对象看起来更加富有变化，能够更鲜明地展现被拍摄对象的立体形态。

（3）背面方向拍摄。其是指从被拍摄对象的背后即正后方角度进行拍摄。在进行背面方向拍摄时，用户不能直接看到视频中所拍人物的面部表情，只能凭借想象进行猜测。因此采用这种视角拍摄出来的视频，往往能够激发用户的好奇心，快速提升UP主的人气。

5.4.3 布光决定一个视频的画面层次

光线布置之于视频而言异常重要，从某种程度上来说，懂得了如何布设和运用光影，视频便成功了一半。简而言之，布光决定了一条视频画面的层次，光线运用得越巧妙，视频就越能为用户带来更高品质的视觉享受。

主光

在拍摄视频时，主光源是场景中最基本的光源，其他灯光在场景中都只能起到辅助作用。主光运用得当，UP主拍摄出来的视频才会更具视觉冲击力。

通常而言，UP主在拍摄视频时，可以灵活选择两类光作为主光，如表5-6所示。

表5-6 主光的类型

类型	分析
自然光	自然光是最好的主光源，它时而明亮强烈，时而暗淡柔和；色调有时温暖，有时冷峻幽暗；光线有时笔直照射，能够制造出长长的影子，有时漫射，使得阴影无处躲藏。B站UP主可以利用自然光构建良好的光影拍摄场景，为用户创造极具视觉冲击力的效果
柔光灯箱	通常拍摄现场所使用的主光都是由柔光灯箱发出的，因为这种光线相对而言较为均匀，控制起来比较方便，因此经常被用来照亮被拍摄对象的轮廓

辅助光

所谓辅助光，是相对于主光而言，起到辅助作用的光线。创造辅助光相对而言比较容易，比如亮起的手机屏幕就可以作为辅助光源。辅助光在视频拍摄中的作用是对主光造成的阴影进行补充照明，从而使得视频中人或物的阴影变得浅淡，看起来更舒服，更具艺术感。

辅助光源一般都放置在与主光源相反的一面，在亮度上要比主光源弱。为了方便搭设，辅助光源可以固定在天花板或者墙上，之后通过调整输出功率的方法来控制阴影的深浅。

背光

背光是指从被拍摄对象的侧面或者后面照射的光线。熟练运用背光，可以有效地塑造视频中人或物的立体感，让被拍摄对象轮廓更加鲜明突出。

在大多数情况下，被拍摄对象都会和背景拉开一定的距离，这就使得背景比被拍摄对象距离光源更远。因此，背景的亮度相对于被拍摄对象而言往往会更暗淡。假如在这种情况下直接进行拍摄，那么最终拍摄出来的视频中，被拍摄对象看起来就如同融入黑暗的背景之中，没有任何的立体感。但如果能设置好背光，那么视频中人或物的轮廓就能够完美地呈现在用户眼前，富有立体感。

在拍摄时，UP主可以通过两种方法设置背光，如表5-7所示。

表5-7　设置背光的方法

方法	解析
利用太阳光	在拍摄过程中，UP主可以让被拍摄的人或物处于太阳前，利用太阳光作为背光，让被拍摄对象更具轮廓感和线条美
从侧面或背面照射	假如没有太阳光可以利用，UP主还可以使用灯光，从被拍摄对象的侧面或者背面进行照射，构建出背光

侧光

所谓侧光，是指来自被拍摄对象两侧的光。利用侧光拍摄，可以让被拍摄对象在视觉上产生明显的明暗对比——被拍摄对象的受光面会表现得十分清晰，背光面则会产生明显的阴影效果。因此，侧光非常适合营造戏剧般的场景和明暗对比的画面。

侧光经常被用于拍摄层次分明、立体感强的物体。拍摄时，摄像机拍摄方向和光线投射方向呈90度角，这个角度能够更好地展现被拍摄对象在光线下的明暗对比，营造出极富立体感的视觉效果。

5.4.4 运镜渲染情感气氛

拍摄视频时，有很多种镜头的运动方式，其中推、拉、摇、移四种镜头运动方式，运用得当，能够营造各种特殊的视频效果，渲染浓厚的情感气氛。因此，UP主在拍摄时，可以灵活运用各种镜头运动方式强化视频的视觉效果。

推镜头

推镜头是指人物的位置不动，镜头由远及近向被摄的人或物推进拍摄，逐渐推成人物近景或特写的镜头。位置不动，是人物在原地不动或在一个水平面上移动（拍摄中并没有人物完全不动的情况），然后摄像机从远景变换到中景再到近景，最后到特写镜头。比如，UP主想用推镜头刻画一个人物，突出其性格上的坚毅，镜头便可由远及近，最后对人物的面部进行特写。

推镜头的运动方法是在人物不动的前提下，镜头向前匀速运动或者不匀速运动（运动速度也与UP主想让此镜头表达的意义有关）。想让镜头运动，就必须让机位向前移动，电影摄影师拍摄时，一般都会铺设运动轨道进行拍摄。轨道上是影视摄影车，由多人进行辅助拍摄。B站视频创作成本低，很多UP主也缺少专业的摄制团队，在这种情况下如何解决这个问题?答案其实很简单，UP主可以使用移动的三脚架拍摄或用货运平板车拍摄，但要做好拍摄视频防抖准备和直线运动轨迹安排。

拉镜头

拉镜头是指人物在原地不动，摄像机往后移动机位拍摄，逐渐远离被摄对象。需要注意的是，这里说的人物在原地不动并不是说完全不动。

UP主可选用移动三脚架进行此类镜头的拍摄，拍摄前设置好取景构图的高度，将摄影机和三脚架连接好。首先，画面的起幅是一个局部的特写或者近景镜头，然后通过摄像机匀速向后运动，画面的景别不断扩大，交代人物与画面所处的关系。往后移动拉到大景别后为画面的落幅，如此可使观众产生对局部所处环境的好奇心。

摇镜头

摇镜头的拍摄方法是摄影机机位在原地固定不动，通过辅助设备三脚架使摄影机在原地做360度的旋转或上下升降运动。

摇镜头的拍摄方法十分简单。拍摄时使用的镜头根据UP主想突出表现的物体而定，如果想拍摄一个人物迎面走过来的镜头，使用长焦镜头拍摄，可以有效地强化人物形象；如果只是想交代环境的开阔，则可使用广角镜头拍摄。视频创作中，多使用摇镜头拍摄环境，另外在某些调查暗访类视频中，也可以用摇镜头。

移镜头

移镜头的拍摄方法是拍摄对象和摄影机一起移动拍摄，这种拍摄手法最为常见，比如百米赛跑中，运动员从开始跑步到结束，摄像机始终都跟随运动员一起运动。

既然摄像机是跟随拍摄对象一起运动的，那么UP主拍摄时就需要用到移动三脚架或需要铺设滑轨。拍摄时注意摄影机的运动速度要始终和人物的保持一致，人物停止运动，摄影机也需要停止运动。与摇镜头的拍摄的区别是，移镜头中摄影机是移动的，这样就让画面更具动感和艺术感染力。

5.5 巧用转场呈现好效果

UP主在拍摄视频时，因为剧情的需要，经常会让视频从一个场景跳转到另一个场景。为了使场景转换的逻辑性、条理性、艺术性、视觉性呈现得更好，在场面与场面之间的转换中，需要用到一些特定的手法。

5.5.1 淡入淡出

淡入淡出转场，即上一个镜头的画面由明转暗，直至黑场，下一个镜头的画面由暗转明，逐渐显现直至正常的亮度。简而言之，淡入淡出就是两个镜头组接，淡入是第二个镜头的开始，淡出是第一个镜头的结束。

具体剪辑时，UP主可以根据想要营造的效果灵活选择三种使用方法，如表5-8所示。

表5-8 淡入淡出的三种使用方法

方法	内容	举例
淡入	画面由黑变亮，通常用在视频的第一个镜头，营造强烈的代入感	视频开始时，先是一片黑暗，慢慢由黑转亮，显示出一张靓丽的脸
淡入+淡出	视频中两种剧情衔接时，上一个镜头由明到暗，下一个镜头由暗到明	上一个镜头，她端着酒杯一饮而尽；下一个镜头，她踉踉跄跄地走在大街上
淡出	画面从亮到全黑，这种用法可以放在剧情结束时的最后一个镜头	一只白鹤慢慢远去，画面由明亮慢慢变为全黑

淡出与淡入画面的长度，一般各为两秒，但实际剪辑时，应根据视频的

情节、情绪、节奏的要求来决定长度。有些视频中淡出与淡入之间还有一段黑场，给人一种间歇感，引发用户进行更深刻的思考。

5.5.2 叠化转场

叠化转场是指前一个镜头的画面与后一个镜头的画面相叠加，前一个镜头的画面逐渐暗淡隐去，后一个镜头的画面逐渐显现并清晰的过程。

一般来讲，叠化转场主要有以下四个作用，如图5–7所示。

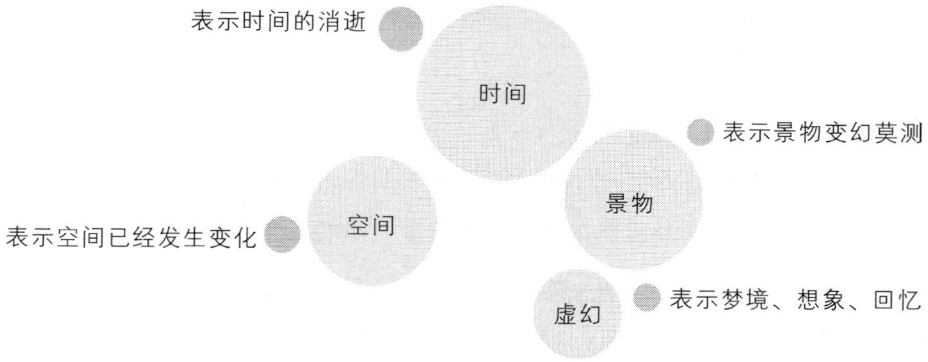

图 5–7　叠化转场的四个作用

通常而言，UP主可以采用叠化转场的方式抒发某种情感，诸如甜蜜幸福、悲伤忧郁、快乐回忆等。在使用时，UP主运用正常叠化即可，假如想要表达更加强烈的情感，UP主可以适当调节叠化速度。

另外，在叠化转场时，前后两个镜头会有几秒的重叠，这几秒的重叠能够呈现柔和舒缓的效果。所以，当镜头质量不佳时，可以借助这种转场方式来掩盖镜头的缺陷。

5.5.3 划像转场

划像转场是指两个画面之间的渐变过渡，分为划出与划入。划出是指前一画面从某一方向退出荧屏，划入是指下一个画面从某一方向进入荧屏。在过渡的过程中，视频画面被某种形状的分界线分隔，分界线一侧是画面1，另一侧是画面2，随着分界线的移动，画面2会逐渐取代画面1。

划出与划入的形式多种多样，根据画面进出荧屏的方向不同，可分为横划、竖划、对角线划等（我们常见的PR、FCP等剪辑软件提供了大量的划像转场预置）。需要注意的是，因为划像的效果非常明显，所以其一般用于两个内容意义差别较大的段落之间的转换。

5.5.4　类似主体转场

类似主体转场，是指上下镜头具有相同或相似的主体形象，或者两个镜头中的物体形状相近、位置重合，在运动方向、速度、色彩等方面具有一致性。类似主体转场运用得当，能够大大提升视频的连续性。

类似主体转场可以分为三类，如表5-9所示。

表5-9　类似主体转场的三种类型

类型	内容	举例
主体相同	上下相接镜头中的主体相同，通过主体的运动或出画入画完成时空转变	上一个镜头是在果园采摘苹果，下一个镜头是挑选苹果的特写，但地点变为农贸市场
主体同类	上下两个镜头之间的主体是同一类物体，但并非同一个	上一个镜头以玻璃杯淡出，下一个镜头以人物手里的保温杯淡入
主体相似	上下镜头中主体在外形上具有相似性	上一个镜头落在一轮月亮上，下一个镜头落在一个圆镜上

5.5.5　声音主体转场

声音主体转场是用音乐、音响、解说词、对白等和画面的配合实现转场，是视频转场的惯用方法。

声音主体转场通常可以分为三种，如表5-10所示。

表5-10　声音主体转场的三种类型

类型	内容	举例
过渡转场	利用声音过渡的和谐性自然而然地转换到下一个镜头	上一个镜头是一个会场掌声雷动，下一个镜头是另一个会场掌声渐起
呼应转场	利用声音之间的呼应关系实现时间和空间的大幅度转换	上一个镜头是男方问女方“你愿意嫁给我吗”；下一个镜头是女方回答“我愿意”
反差转场	利用声音前后明显的反差，加大镜头间隔，增强视频节奏	上一个镜头是一个人在家安静地学习，下一个镜头是热闹的篮球比赛

5.5.6　遮挡镜头转场

遮挡镜头转场是指在上一个镜头接近结束时，镜头被画面内某个物体暂时遮挡，下一个镜头时，遮挡镜头的物体又从摄像机前移开，继而实现场合的转换。上下两个相接镜头的形象可以相同，也可以不同。

根据遮挡方式的不同，遮挡镜头转场可以分为两种形式，如表5-11所示。

表5-11　遮挡镜头转场的两种形式

形式	内容	举例
迎面遮挡	主体迎面而来遮挡摄像机镜头，形成暂时的黑画面	人物身影越来越近，遮住了镜头，离开时，画面切换到办公室
前景遮后景	画面内前景暂时挡住画面内其他形象，成为覆盖画面的唯一形象	上一个镜头闪过的汽车出现在下一个镜头中，挡住了人物的出场路线

用遮挡镜头转场，能给观众带来较强的视觉冲击感，还可以造成视觉上的悬念，同时也能使画面的节奏变得紧凑。如果上下两个画面的主体是同一个，还能使主体本身得到强调和突出。

5.5.7 景物镜头转场

景物镜头转场，是指借助景物从上一个镜头顺利地过渡到下一个镜头的转场方法。UP主在拍摄视频时，景物镜头转场运用得当，能够达到借景抒情的效果，继而快速升华视频的主题。

景物镜头转场大致可以分为两类，如表5-12所示。

表5-12 景物镜头转场的两种类型

类型	内容	举例
以景为主	以景为主，以物为陪衬，展示不同的地理环境、时间和季节	上一个镜头是倾盆大雨，下一个镜头是大雪纷飞
以物为主	以物为主，以景为陪衬，推动时空之间的转换	上一个镜头是飞驰而过的火车，下一个镜头是街道上行驶而来的汽车等

5.6 善用特效强化视频创意

很多视频点赞超过百万次，拥有百万粉丝的B站UP主，他们投稿的视频往往都有一个特性——特效用得很高明。点开他们的视频，你会发现他们的视频都非常善于用炫酷的特效营造各种氛围。可见，特效能够赋予视频显著的标签，让视频看起来独一无二，或专业，或炫酷，或搞笑力满满，继而吸引年轻用户观看和分享。

5.6.1 用好特效，创意满满

视频除了记录真实之外，还需要展示创意，构建炫酷的视觉盛宴，而想要做到这些，便离不开特效。所谓特效，是指人工制造出来的视觉假象和幻觉，通常具有炫酷、神秘、唯美等视觉冲击力，能够为用户带来非同一般的视觉体验。

《天气之子》是由新海诚执导的原创动画电影，讲述了少年帆高和拥有操控天气超能力的少女阳菜之间的奇幻爱情故事，由于画质清晰，情节奇幻，音乐绝美，所以上映之后深受年轻人的喜爱。

B站一位名为“特效小哥”的UP主，别出心裁地还原了《天气之子》的预告片，制作了一条高清5K真人版的《天气之子》预告片。这条真人版的预告片中，帆高和阳菜都被替换成了真人，动画场景也通过特效加持变成了“真实的场景”，视频通过“现场拍摄取景+绿幕演员抠像合成+专业建模”的方法，带给用户强烈的视觉冲击感。

由于真人版《天气之子》预告片运用一系列特效神奇地将虚幻变为现实，立即成了年轻用户争相点击的“香饽饽”。截至2021年1月27日，该视频的播放量超过了500万次。

可见，特效用好，创意满满，获得超过10万次的播放量并不难。特别是在以年轻用户为主的B站，谁的视频有特效、新奇而富有想象力，谁的视频就能吸引年轻人观看，成为爆款。

具体而言，特效满满的视频相对于一般视频具有三个方面的竞争力，如图5-8所示。

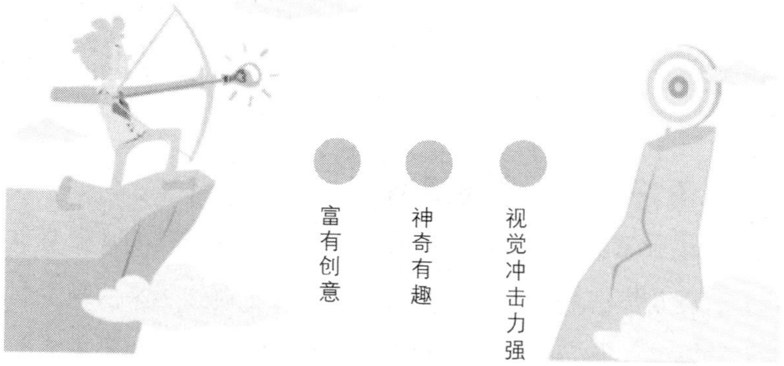

图 5-8　使用特效时视频的三个竞争力

5.6.2 巧用手机视频特效App

既然特效之于视频有着如此重要的作用，那么UP主如何制作特效视频呢？通常而言，UP主需要借助一些专门的视频制作App才能打造出理想的视频特效。

（1）VUE

VUE曾被评为2016年App Store十佳应用，这个视频拍摄和剪辑软件，在App Store一上架就被超过120个国家和地区的App Store编辑推荐。

利用该软件，可以使视频呈现出电影级别的滤镜效果，操作也非常简单。VUE内置的电影级别滤镜可以在很大程度上提升视频的表现力，其中软件内的F1滤镜尤为出色，给人一种自己正在拍摄电影的感觉。

VUE还支持多种视频画幅，除了竖屏、全屏画幅之外，还有经典、正方形、16：9、电影荧幕超宽屏等画幅，甚至还有很多经典电影同款画幅。

虽然这款App中只有15款滤镜，但是每一款都很强大，值得B站UP主借鉴和使用。

（2）Quik

Quik是由GoPro出品，由Replay更名而来的。Quik的基本使用流程很简单：导入照片或者视频→挑选预设或音乐→编辑文字→完成。

在这个软件中，有很多视频特效模板，只需要UP主将视频上传即可套用。因此，这个视频软件非常适合B站新手UP主使用。

（3）美拍大师

美拍大师App是由美图公司出品，使用美拍大师的升级版，跟使用美图秀秀App一样简单易学。

在美拍大师中，对视频时长没有要求，而且可以录制16：9的电影画幅，拍摄人像可自动美颜，支持剪辑、添加动态文字、设置转场动画、添加字幕、添加滤镜、套用模板等功能。其最大的优势是想要什么背景音乐都可以通过在线搜索来添加。

（4）Slow Fast Slow

如果UP主特别喜欢拍摄慢动作视频，想对速度控制得更加精细，那么选择Slow Fast Slow就对了。这个App能通过曲线控制点完美地实现变速，以达到“倒放”效果。

（5）Action Movie FX

这是一款电影特效视频工具，UP主可以在这里找到各种电影级别特效，如爆炸、烟火、火树银花、导弹攻击、龙卷风等。这款App，不仅里面的视频特效惊艳，而且操作非常简单，只需在手机上简易操作即可。使用这款软件时需要注意的一点是，只有合适的拍摄场景和角度，才能和特效比较完美地贴合。

5.6.3 使用AR视频特效

在拍摄B站视频时，还可以使用AR（增强现实）方面的视觉特效，利用虚拟现实，呈现出3D的画面感，这样的视频会让用户身临其境，观看时更加有代入感。

有一款电脑软件“视+AR”，搭载独立开发的Easy AR引擎，包罗丰富AR内容的增强现实应用。

在这个应用中，UP主还可以把一些现实中不存在的东西与拍摄内容结合起来，例如与恐龙等各类AR 3D角色在真实场景中互动，如此让拍摄出的视频更加酷炫、闪耀。

在这款应用中，下载识别图、扫描识别图可以体验AR角色在视频或者照片中实时跟踪的独特效果，还可以随时切换各类武器来“轰炸”现实场景，迅速便捷地拍摄出酷炫科幻大片。

第6章

直播录制：草根与网红只差几步的距离

UP主在B站除了可以通过视频、专栏与用户互动外，还可以通过直播的方式与用户“面对面”互动。对想成为网红的UP主而言，直播特有的高互动性能够最大限度地拉近UP主和用户之间的距离，实现UP主从草根到网红的跨越。

6.1 打造优质直播间

直播效果、画面清晰度和直播间的布置有着直接关系。直播工具准备充分，背景设置富有品位，灯光布设得当，则直播画面清晰而富有质感，氛围热烈浓郁，更易让用户感受到强烈的现场感。因此，想要直播达到甚至超过预期效果，UP主首先要打造一个优质直播间。

6.1.1 直播间必备工具：手机+支架+补光灯

直播间最基础的功能是确保直播高品质、高效率地进行，而支撑直播间这一基础功能的则是三个基础工具，即手机、支架和补光灯。因此，选好并用好这三个工具，UP主才能从根本上提升直播画质，为用户带来更好的视觉体验。

手机

直播间最基础的设备是一台高像素的智能手机，手机的配置会直接影响画面清晰度。因此，UP主在选择手机时，需要用心再用心。

通常而言，UP主在选择手机时，可以按照六个标准选择手机摄像头，如表6-1所示。

表6-1 选择手机摄像头的六个标准

标准	内容
镜头像素要高	像素是手机拍摄效果的最直接体现，在其他元件、参数和系统优化程度相差不大的情况下，像素越高，UP主直播时的画面就越清晰
镜头品质要好	镜头是手机相机的眼睛，直接影响成像品质。当前，镜头品质优劣差距较大，要选择品质较好的镜头

续表

标准	内容
镜头镜片要多	当前手机相机的镜片大多为5～6片，通常情况下，相机镜片越多，成像效果便越好
光圈F值要小	光圈是一个控制镜头进光量的装置，光圈大小通常用F值来表示。光圈F值越小，意味着画面亮度越强，拍摄效果越好
堆栈式传感器最好	当前手机上的传感器主要有前照式、背照式和堆栈式三种。从成像效果上看，可以简单地理解为：堆栈式＞背照式＞前照式
防抖	防抖功能就是依靠特殊的方式降低抖动造成的影像不稳定。当前智能手机上用得最多的是OIS（光学防抖），防抖等级越高，成像效果越好

支架

直播间除了需要一款性能卓越的智能手机之外，还需要能够让UP主双手解放的支架。要想直播效果好，需要UP主全面发挥，假如UP主手里拿着一个手机，会在很大程度上影响UP主的发挥。除此之外，支架还能起到稳定作用，保证手机镜头不摇晃，还可以调节视角和距离，堪称直播间必备神器。

具体而言，适合直播用的支架主要有三类，分别为桌面三角支架、悬臂支架、落地支架，如表6-2所示。

表6-2　适合直播用的支架种类

支架种类	优点	缺点
桌面三角支架	稳定性较强，且价格便宜	会占用桌面空间
悬臂支架	可以拉升，方便调节高度、距离，灵活性高	价格较高，携带不方便
落地支架	高度可以调节，可360度旋转，承重能力强	体积较大，价格较高

UP主可以根据自身需求和经济实力，合理为直播间配备手机支架，以

获得更好的直播视角和更稳定的直播画质。

补光灯

补光灯，顾名思义，主要作用是为直播间补充光线，提升UP主或产品在镜头中的颜值，让UP主看起来肤质更好，让产品看起来更具品质感。

适合直播使用的补光灯主要有两种，分别为环形补光灯和灯箱。环形补光灯相当于一个发光面，照射出来的光比较均匀，能够让UP主脸部或产品表面均匀受光，看起来更润泽，肤质更好。灯箱可以调节直播间光线的色温、亮度，操作较简单。合理使用灯箱，能够让UP主或产品更明艳、更富光影感。

6.1.2 打造好背景，渲染气氛

UP主在搭建直播间时，背景是一个绝对不能忽视的方面。很多时候，一个好背景能够将UP主衬托得更专业，让产品看起来更具品质感。反之，杂乱无章偏离直播主题的背景，则会让直播间在用户眼中显得不伦不类，无法激发用户的互动激情。因此，UP主在打造直播间背景时，需要遵循一定的原则。

原则一：简洁

简洁的背景在渲染直播间简约氛围的同时，又不和UP主或产品“争宠”，不分散用户的注意力。因此，在布置直播间背景时，UP主需要秉持简洁的原则，将背景打造成为直播加分的“绿叶”。

简洁的直播间背景主要表现在两个方面，如表6-3所示。

表6-3　简洁背景的表现

表现方面	解析	举例
品类少而精	作为背景的饰品或产品在数量上可以多，但是在品类上要少而精，品类多很容易让人产生杂乱感	以精美的书柜为背景，书柜上陈列古典书籍
以浅色或纯色为主	浅色和纯色能够带给用户一种纯净感，让直播间看起来更温馨、更具吸引力	以鹅黄色、淡粉色、蓝色等窗帘为背景

原则二：相关

直播间背景打造除了要遵循简洁原则外，还需要遵守相关原则。所谓相关，是指直播间背景需要和直播内容或带货产品存在某种关联。有了关联，背景在用户眼中才会更自然、更顺眼、更具亲和力。

比如UP主要为某个品牌的服饰带货，背景可以是身穿该服饰的美女或帅哥；假如带货产品是各种款式的首饰，那么以饰品墙作为背景则能起到良好的“站台”作用；假如带货产品是宠物用品，那么在背景墙上挂几个萌宠布偶则更有吸睛效果；假如直播和美妆有关，则可以把放大后的眼睛、脸等图片作为背景。

原则三：个性

直播间背景打造还需要有个性，能够让用户看了有印象，能记住。简而言之，有个性，才能避免同质化，才更具辨识度。比如专属的logo，印有UP主名字的照片、抱枕等。

6.1.3　布设好灯光，强化视觉冲击

直播间的光线布设效果，不仅直接决定直播画面的清晰度，还会影响用户对产品的第一印象。因此，智慧的UP主在直播时，都会特别注意直播间的光线布设，力求用光影给予用户更强烈的视觉体验。

B站UP主“动漫之王”的直播人气一直非常火爆，用户转化率也非常高。“动漫之王”的直播之所以能够如此火爆，除了颜值力高外，还和其直播间灯光布设营造出的光影场景有很大关系——他利用灯光在直播间布设了一条“光带”，使得直播间呈现出远亮近暗的视觉效果，这种光影场景极具视觉美感，因此在第一时间便吸引了大批用户观看。

分清硬光和柔光

在进行布光之前，UP主需要了解一些光线的基本知识——硬光与柔光，两者其实就是指光线的软硬性质，被统称为光质。

硬光是指强烈的直射光，在该种光线的照射下，拍摄对象有受光面、背光面与影子，可以构成立体形态。硬光的受光面与背光面的亮度间距较大，可以形成景物的反差，可造成明暗对比强烈的效果，适合展示表面质感较为粗糙的物体。硬光下能形成阴影，如果拍摄对象的阴影有表现力，就可增加画面的纵深透视感。如果拍摄人物，可使人物四周产生具有美感的轮廓光。在室内直播时建议用硬光，可以突出拍摄主体的画面感，能更好地吸引观众的注意力，但需要注意调节好硬光造成的背影效果。

柔光是指较为柔和的泛射光，光源较暗，形成的光影边缘较为模糊。柔光下明暗区域的区分界线是渐进改变的，也就是我们常说的“软边缘”。如果用柔光自拍，可以让人看起来更年轻，这也就是现在很多的手机制造商重点打造“柔光拍摄功能”的原因。柔光还能使拍摄对象显得更有深度，适合表达更加深刻的主题。制造柔光非常简单，可通过以下几种方式获得：

第一，硬光照射在墙上或白色物体上时会被反射，这个反射出来的光就是柔光。

第二，阴天或下雨天时的自然光线也属于柔光。

第三，在硬光灯上套上柔光纸或柔光罩即可制造出柔光。

掌握不同角度的布光技巧

如果是在室内拍摄短视频，布光直接影响作品情绪的表达，所以要根据不同的内容需求选择而不同角度的布光。UP主直播时可以结合直播目的灵活选择5种最常用的布光角度：

（1）正面布光。其是指灯光从人物的正前方照射，此时产生的阴影最少，可以使五官相对平面化，并且突出人物正面形象。

（2）正上方布光。其是指在人物头顶的正上方向下打光，此时除了头发、额头、鼻梁之外，其他部位都被隐藏，这种布光方式因为隐去了眼神交流与沟通，人物情绪被隐藏，可以制造神秘感。

（3）正下方布光。其是指从人物的正下方往上打光，此时可以看到人物的鼻尖与下巴，会显得人物阴森恐怖。

（4）45度布光。其是指从人物的前方侧面45度打光，人物的一边脸会呈现阴影，在受光面部会出现一个呈现倒三角形的亮区，所以也被称为三角光。

（5）后正方打光。其是指从人物的正后方打光，可以突出人物的轮廓，但因为看不到人物的脸，所以要配合其他灯光使用，但适合拍摄有背影需求的内容。

6.2 直播准备

直播想要人气爆棚，达到最佳效果，还需要提前造势，广而告之。“酒香也怕巷子深”，再好的直播，假如用户不知道、不了解、不期待，最终也会以惨淡收场。因此，一场火爆的直播绝对离不开前期的造势。

6.2.1 明确直播目的

不管做何事，目的都犹如黑夜中的灯塔，为之后的一系列行动指明方向。直播也不例外，明确的目的可以帮助UP主有针对性地制定直播步骤，确定直播玩法，最大限度地增强互动效果，继而大大提升直播转化率。比如人气极高的主播李佳琦，他直播的目的便非常明确——带货卖东西，直播中所有的语言和玩法都是围绕这一目的展开的。

通常而言，UP主直播的目的可以归纳为两种，如表6-4所示。

表6-4 UP主直播的两种目的

目的	内容	举例
引流	以引流吸粉为目的的直播	UP主在直播中展示个人才艺，吸引用户
带货	以推荐或直接销售产品为目的的直播	UP主在直播中向用户推销某类产品

因此，UP主在制定直播方案时，应首先问一问自己，直播的目的是什么？是为了引流打造个人IP，还是为某一品牌产品种草带货？

6.2.2 确定直播玩法

明确了直播的目的后，UP主接下来还需要确定直播玩法，即通过什么方式达到目标。只有明确了具体玩法，UP主直播时才能胸有成竹，确保直播达到预期效果。假如没有具体玩法，想到什么玩什么，这样的直播对用户而言无异于一场闹剧，根本就不值得观看。

直播玩法多种多样，UP主可以根据自身直播目的灵活选择，如表6-5所示。

表6-5 直播玩法

玩法	内容	举例
展示才艺	在直播中展示自己的才艺，吸引粉丝	直播古筝演奏
讲故事	展示自己的工作或生活足迹，讲述人生故事	直播旅游，讲述景点故事
抽奖	直播中抽取奖品送给粉丝，引爆直播人气	直播开始时便先抽个奖
分享价值	分享某一方面的技能、技巧、经验等有价值的内容	分享美味家常菜的做法
连麦	直播中和粉丝连麦，一对一互动	和用户连麦说相声

6.2.3 制定突发预案

正所谓“天有不测风云”，不管我们之前在硬件上投入了多少，直播时也难免会遇到各种各样的突发状况。即便是李佳琦等头部主播，也曾经在直播时遭遇突发状况。因此，制定突发预案，确保在面对突发状况时临危不乱，快速解决问题，对UP主而言尤为重要。

直播间故障

所谓直播间故障，是指直播时突发的卡顿、闪退、黑屏等技术型问题。遇到这类问题时，通常只有通过排查故障或者更换设备等操作来恢复直播。

比如，直播画面突然出现卡顿，原因通常有两种，一种是设备配置不够高级，带不动直播；另一种则是网络较差。用电脑开高清摄像头可能会出现设备带不动直播的问题，这个时候需要更换设备；假如直播卡顿则是网络问题，需要切换到网络稳定的场景，最好能确保直播设备单独使用一条网线。

再比如直播闪退、黑屏，出现这类问题的最大可能原因是设备内存被其他程序占用或者内存不够，需要UP主重启设备后再次登录直播。

商品质量、价格、链接出现问题

直播带货时，突然被用户指出商品在质量、价格、链接等方面存在问题怎么办？遇到这种突发状况时，UP主应当第一时间站在用户的立场上和商家进行交涉并加以更正。假如无法当场解决问题，可以说明情况，先让拍下商品的用户不付款，UP主正常进行后续商品直播，运营则继续和商家沟通，并随时更新进展。

用户闹情绪

不管是以引流为目的的直播，还是以带货为目的的直播，总会遇到一些用户因为UP主的某一句话或某一动作而闹情绪的状况，如果处理不好，则会极大地影响直播间的氛围。

这种情况下，UP主可以从两个方面应对：一方面耐心解释，安抚用户情绪；另一方面利用抽奖、发红包等方式转移用户关注点。

6.3 结合产品打造专属仪式感

对那些致力于直播带货的UP主而言，直播并非将产品摆在镜头前简单介绍一下就万事大吉，就能让用户心甘情愿地买单。想要激发用户的下单欲望，UP主首先要拉近自身和用户间的心灵距离，制造出差异感——既亲近又有个性，用户才会关注，才更愿意尝试下单。而想要实现这一点，就要打造仪式感。

6.3.1 有仪式感的直播更具浸透力

所谓仪式感，是指生活中的小细节和精心安排的小确幸，这种小细节和小确幸中展示出来的是个性，是满满的幸福感。出门前，喷喷香水；睡觉前，听一听音乐；学习前，将灯光调成暖色；每逢节日，必定准备一顿大餐……这些都是人们追求仪式感的体现。为了享受仪式感带来的满足感，人们总是心甘情愿地买单消费。当直播有了仪式感，其在用户眼中自然也更具个性，更值得关注和信任。

和用户建立情感连接

UP主和用户之间需要独特的情感连接，而仪式感则是建立这种情感连接的最好方式。比如UP主在直播中向用户讲述所带货的手链的故事，告诉用户这一串手链中的每个珠串都拥有一个独一无二的故事，每一种组合都代表着不同的自我。除此之外，UP主还可以将手链和用户人生中的诸多难忘时刻捆绑在一起，诸如过生日、大学毕业、第一次拿到工资、结婚、生子等，进行仪式化的故事表达，继而将用户心中的甜蜜感觉唤醒，和用户之间自然会建立起更有深度的情感连接。

培养用户的消费习惯

在直播内容同质化严重的当下，仪式感可以增强用户的体验感，培养用户的某种消费习惯，更好地打造差异化，继而提升直播带货的用户转化率。

比如，UP主每次吃饼干时都会先在某品牌牛奶里面泡一下，这种仪式化的动作便会将用户代入一个特定环境中。当UP主一次次重复这种仪式化的动作时，用户便会模仿，久而久之，便会形成购买该品牌牛奶的消费习惯。

强化自身品牌，提升用户忠诚度

有了仪式感，直播的账号和UP主在用户心中便更具价值，更有符号性。如此一来，直播的账号和UP主便能更快地打造出自己的品牌。有了品牌，用户参与感和忠诚度才会越来越强，直播带货效果自然会越来越好。

6.3.2 打造直播仪式感的三种方法

有经验的UP主，在直播开始时说得最多的是“什么也不说，我们先抽奖”，虽然只是简简单单的一句话，仪式感却爆棚，刹那间引爆直播间人气。每次直播都抽奖，这是用户想到这些UP主时出现在脑海里的印记，因为有了“抽奖”这一仪式，这些UP主的直播更令用户期待，UP主自然也就深深地烙印在了用户心中。

那么，如何打造直播的仪式感呢？主要有三种方法。

设计专属开场仪式

直播开始时，固定的仪式会快速拉近UP主和用户间的距离，且给予用户一种强烈的期待感，让直播在用户眼中更具价值。因此，UP主可以通过设计专属的直播开场仪式，强化直播仪式感。

（1）专属开场仪式可以是一句走心的话。每次直播开始时，UP主都可以说一句相同的话，次数多了，这句话听在用户耳中便会有强烈的仪式感。比如“大家好，我是三吨，不折不扣的胖子”“长夜漫漫，有了你，梦才变得美丽，我们又见面了”……

（2）专属开场仪式可以是一个或一组个性动作。个性动作设计得好，也可以为直播带来满满的仪式感。比如，每次直播时，UP主会做出一个个性十足的手势，或者跳上一段网红舞蹈。

（3）专属开场仪式可以是一个活动。比如直播开始后，UP主说“我先和粉丝连个线”，久而久之，连线互动便会成为其直播的专属开场仪式，成了用户对其的一个最主要记忆点。

为产品添加仪式感

很多人买到农夫果园果汁时总会先摇一摇，吃益达口香糖时会一次吃两颗，吃奥利奥饼干的时候要“扭一扭、舔一舔、泡一泡”，这些其实都是产品自带的仪式性动作。UP主在直播时可以通过为产品添加某种仪式感，引导用户进入特定的消费情景中。

比如直播中UP主要为某坚果品牌带货，结合该产品小包内坚果品种多的特点，你可以设计一个“吃前数一数”的仪式性动作——将包装袋撕开，先将坚果倒在手心数一数，看看有几种。如果用户觉得这一仪式有趣的话，他们对该产品便会产生有趣好玩的差异性认知，这不仅增强了用户和产品的互动性，也在用户和产品之间建立了更加牢固的情感连接。

为品牌添加仪式感

根据标签效应理论，当个人被贴上某种标签时，这个人便会做出自我印象管理，从而使自己的行为和所贴标签内容趋同。比如，在直播中，UP主为带货的某个茶叶品牌贴上了“高端”标签，意味着UP主将产品“人设”抛向了用户，让他们选择符合身份的、高品质的茶叶品牌。因此，UP主可以通过为品牌添加仪式感提升用户的身份感和获得感，引导用户的消费选择。

6.4 B站的五大直播玩法

UP主在B站直播时，可以结合自身掌握的资源，灵活选择最适合自己的直播玩法。通常而言，UP主可以通过五大直播玩法强化自身和用户间的互动，培养用户更强的信任感，快速实现预设的直播目标。

6.4.1 提升主播等级

在B站，不同等级的UP主会获得不同的主播特权功能，等级越高，享有的特权就越多。除了签到外，提升UP主主播等级的主要方式为用户赠送礼物：主播收到用户赠送的道具礼物会提升积分，用户使用银瓜子或金瓜子送出的礼物积分相同，UP主每收到100瓜子的道具可获得1积分。当UP主的积分累积到相应值后，便可以提升等级，享受相应特权。

UP主可以在B站手机App“我的”界面点击“直播中心”按钮，在“直播中心”页面查看自身等级，如图6-1所示。

图 6-1 “直播中心”页面

UP主的主播等级和特权对应关系如表6-6所示。

表6-6　UP主的主播等级和特权对应关系（部分）

主播等级	总经验积分	所需经验积分	周奖励	特权
1	100000	100000	无	可开启自定义封面一张
2	200000	100000	无	同上
3	300000	100000	无	同上
4	400000	100000	无	同上
5	500000	100000	无	同上
6	600000	100000	无	同上
7	700000	100000	无	同上
8	800000	100000	无	同上
9	900000	100000	无	同上
10	1000000	100000	辣条10个，每周一0点重置	可新增上传1张自定义封面
11	1800000	800000		

6.4.2　提高主播SAN值

SAN值是B站为规范主播的直播行为而设计的积分值，通过SAN值，B站可以有效地对UP主的直播内容进行规范，继而营造出更好的直播环境。

SAN值总分为12分，适用于B站所有UP主，当UP主违反某项规定时，B站会扣除相应的SAN值。假如UP主SAN值过低，会失去上热门和首页推荐的资格；假如UP主在短时间内频繁违规，使得SAN值降低为0分，B站会对UP主账号进行封禁，30个工作日后会自动解封；假如UP主在直播时出现特别严重的违规行为，则会被扣除全部SAN值，B站会对UP主账号进行永久封禁。

因此，UP主在直播时，需要维持良好的SAN值，增加自身上热门和获得首页推荐的机会。基于此，UP主在直播时便需要严格遵守B站规则，避免因违规而被扣分。

B站针对UP主违规的主要处罚类别如表6-7所示。

表6-7　B站针对UP主违规的主要处罚类别

类别	描述	处罚
分区错误	直播内容不符合分区要求	扣3分，锁区15天
人气异常	直播间涉嫌刷人气	扣3分
三俗内容	内容中含有低俗信息，诸如着装暴露、语言或动作不雅；直播血腥、暴力、恶心等不健康的内容；对其他UP主和用户进行语言和文字的谩骂攻击	扣3分
版权内容	盗播或播放无版权内容	扣3分
引战行为	对个人或群体进行嘲讽、侮辱或者诽谤，以及挑拨他人矛盾，骚扰、侵害他人合法权益	扣3分
抽烟喝酒	直播中抽烟、喝酒，出现不雅行为	扣3分
被提醒禁播	被管理员提醒有禁播的内容	扣3分
道具异常	直播间涉嫌刷活动道具或银瓜子道具	扣3分，扣除道具积分并加入推荐位黑名单3天
道德风尚	直播过程中言行过激，传播负面情绪，出现有违道德底线的表演	扣6分

6.4.3　开通粉丝勋章

粉丝勋章是UP主和用户关系“够铁”的证明，是亲密度的具体体现，且能够被用户佩戴。当粉丝勋章被铁粉佩戴后，可以在UP主的直播聊天室、直播排行榜、视频评论区展示。

UP主开通粉丝勋章的条件是粉丝数大于1000且有投稿视频，以B站手机App为例，开通步骤如下：

（1）登录B站手机App，进入“我的”界面，点击“创作中心”按钮，进入“创作中心”界面，如图6-2所示。

（2）进入“创作中心”界面后，点击“粉丝管理”按钮，在“粉丝管理”页面点击“粉丝勋章”选项，即可跳转至“粉丝勋章”界面，在该界面的“粉丝勋章”栏中填写勋章名称后，点击“提交”按钮即可。

图 6-2 “创作中心”界面

6.4.4 组建UP主“舰队”

B站UP主开启直播后，便可在直播间内拥有自己的“舰队”，当前“舰队船票”共有三种，分别是“总督”“提督”和“舰长”。

当UP主的用户拥有“舰队船票”后，便会随之获得以下特权：

在图标上，“舰队船员”拥有房间专属唯一标识、进房间弹幕特效公告、房间内专属身份展示位特权。

在弹幕上，“舰队船员”拥有专享房间内紫色弹幕、顶部弹幕发送权限（仅限“总督”）、弹幕长度发送上限提升到40字（仅限“总督”和“提督”）特权。

在“爱意”上，“舰队船员”拥有亲密度上限翻倍、粉丝专属礼包、加速升级粉丝勋章、购买即返银瓜子特权。

在发言上，“舰队船员”不受房主以外的禁言影响，且发言时昵称的颜色与众不同，拥有聊天气泡特权。

6.4.5 UP主轮播

B站UP主设置轮播功能后，被UP主选定的视频将会以轮播的形式进行直播。UP主轮播功能设置步骤如下：

在PC端登录B站官网，进入“个人中心界面”，单击“我的直播间”选项，在自动展开的“我的直播间”面板上单击“轮播设置”选项。

进入“轮播设置”页面后，点击“视频轮播功能”按钮，在弹出的“添加视频”窗口中选择想要轮播的视频后，点击下方的“提交”按钮即可。

6.5 一次火爆靠运气，次次火爆凭话术

直播火不火，除了和UP主前期的准备有关外，还和话术有直接关系。通常而言，良好的开场话术能精准地触达目标用户，吸引用户关注，给予用户更加强烈的沉浸感，继而最大限度延长用户的在线时长。

6.5.1 五种快速点燃氛围的开场话术

互动式的直播，UP主需要在开播时快速营造出强烈的互动氛围，提升用户的现场感和参与感，才能第一时间抓住用户的眼球。想要一开播便点燃气氛，主播在开场时如何说话呢？通常而言，UP主可以结合自身实际或带货产品的特点，灵活使用开场话术。

UP主“美心造型”一直在直播中分享各种美妆技巧，因为人长得漂亮，并且分享的各类美妆技巧实用，所以每场直播人气都非常旺。

“老铁们，咱们又见面了，别的先不提，咱们先抽个奖。”

“亲们，上次直播后厂商给了一些试用品，我打算都送给大家，数量有限，快说‘爱你’，我截图截到谁就给谁！”

…………

"天下熙熙，皆为利来"，以承载利益的话题开场，让"美心造型"直播间人气得以快速地提升，引爆用户的参与热情。

通常而言，UP主在直播开始时，可以灵活使用五种话术类型快速点燃直播间氛围，如表6-8所示。

表6-8　直播开场的五种话术类型

话术类型	解析	举例
利益输送	UP主通过给予用户实实在在的利益提升自身话语的吸引力，增强用户现场感和参与感	"亲人们，直播开始前，咱们先抽个奖，奖品是3部手机。"
设置悬念	通过设置悬念激发用户的好奇心，吸引他们持续关注直播，参与直播	"今天这场直播为大家准备了一个惊喜。"
请求回答	UP主抛出问题请求用户回答，不仅可以引导用户关注直播要点，还能提升他们的期望值	"大家平时是怎么处理虾的？" "西红柿怎么做最好吃？"
承诺激励	UP主的直播开场白可以是一个令用户心动的承诺：告诉用户，假如他们按照你的建议行事便能获得某个他们期盼的东西	"在这场舞蹈直播中，谁能回答我的一个问题，我便送谁一个最新款的蓝牙耳机！"
故事开篇	UP主可用一个简单而有趣的故事开头，以故事提升用户对直播的期待	"在这场直播中，我想和大家分享我直播变现的故事。"

6.5.2 善用提问强化互动

有经验的UP主在直播时不仅善于说，还善于问——利用各种各样的提问引导用户关注直播的重点，将自身的角色巧妙地转变为"倾听者""提供帮助的人”。如此一来，用户便会由最初的疑惑心理变为学习和领悟的状态，直播自然成功了一半。

一位UP主为某进口酸牛奶带货时，便通过提问顺利实现了预期的目标。这位UP主在直播开始后便同铁粉连麦互动。

UP主：“你平时都习惯喝酸牛奶吧？”

铁粉：“对，每天早晨喝一瓶，晚上喝一瓶。”

UP主：“哎呀，每天喝两瓶呢，看来你是很喜欢喝酸牛奶呢。”

铁粉：“是啊。”

UP主：“其实喝酸牛奶比喝牛奶好，一来蛋白质含量更高，对容易腹泻的人群更加友好；二来能够明显增强肠道益生菌活性，保证顺畅排便！”

铁粉：“可不是吗！这就是我喜欢喝酸牛奶的理由，而且酸牛奶口味更丰富，有巧克力味、蓝莓味、抹茶味……”

UP主：“那你堪称酸奶界的美食家啊，你听说过××牌酸牛奶吗？它比一般的酸牛奶要稠很多，喝起来非常顺滑，口味一级棒！”

铁粉：“哦？是吗？你给我详细讲讲。”

在上述连麦对话中，UP主不断引导铁粉进行肯定倾向的回答，以给旁观的用户留下“××牌酸牛奶肯定超级棒”的第一印象。

可见，提问用对了，UP主能够快速引导用户关注直播重点，激发他们的兴趣，延长他们的在线时间。

通常而言，UP主在直播时，可以使用四种提问话术，如图6-3所示。

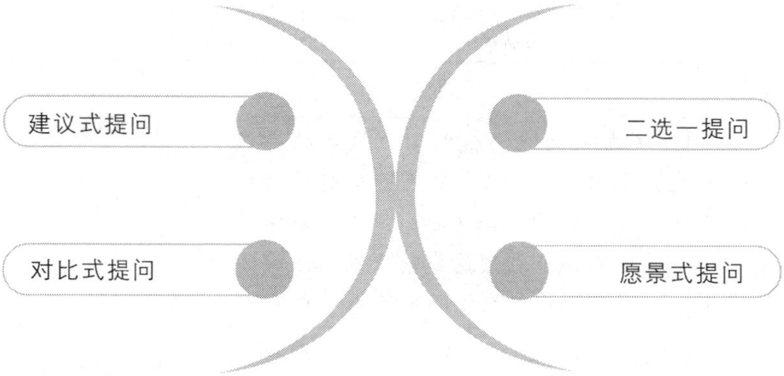

图 6-3　四种直播提问话术

6.5.3　不会讲故事的UP主用户记不住

普通UP主平白直述，优秀UP主用故事吸粉。不能制作出打动用户内心内容的UP主，永远不会真正走进用户内心，更不用谈什么爆火了。人人都喜欢的故事，无疑是UP主吸粉引流、打造个人品牌形象的“撒手锏”，讲好了故事，UP主在用户眼中才更有标签感，其直播才更值得他们期盼。

比如介绍一款红酒，UP主可以通过产地故事、砍价故事、工厂见闻故事等，将红酒供应链故事化，相对于干巴巴的介绍语言，这种故事化语言自然更易激发用户的兴趣，牢牢吸引他们的眼球。

故事想要快速走进用户的内心，需要有好的情节。易于俘获人心的故事情节都有着相似性，诸如白手起家、激励事件、心路历程、追逐梦想等，掌握了这些受欢迎的故事情节原型，UP主便能轻松地用故事俘获用户的心。

在直播时，有四种故事情节最易于打动用户，利用得当，UP主可迅速吸引用户，提高直播间人气，如表6-9所示。

表6–9　四种强代入的故事情节类型

情节类型	情节架构	举例
斩妖除魔	UP主或产品能够帮助用户摧毁的“妖魔”是什么？UP主或产品能够为用户解决什么问题？UP主必须在故事中解答这些问题，利用这类情节吸引用户关注，提升他们对直播的期待感	UP主是如何用一袋坚果战胜饥饿的
从贫穷到富有	UP主可以讲述自己从贫穷到富有的故事，或者讲述一些成功人士崛起的故事，放大这个过程中的努力、勤奋、坚持等正面因素，迎合人们渴望通过自身努力获得财富的心理	讲述品牌创始人（UP主）从身无分文到资产千万的创业故事
追寻旅程	挖掘产品的诞生故事，或者UP主自身的生活和工作的故事，以塑造产品或个人品牌形象	UP主在拉萨旅游时经历的三个感人故事
重生	UP主经历过艰难时刻，之后又重新站起来，推开成功大门	UP主创业失败，一度自暴自弃，后经历磨难，涅槃重生

第 7 章

营销推广：不懂吆喝，UP 主怎么都不火

“酒香也怕巷子深”，再好的定位和内容，假如不为用户所知，便不会产生价值，UP主在B站自然也就很难火起来。因此，B站UP主需要做好营销推广，要善于利用热度、互推、评论、社群等扩大自身影响力，获得更多站内和站外资源。

7.1 蹭热度

热度自带流量和影响力，如果蹭得巧、蹭得好，就可以成为UP主最好的推广方式。但对UP主而言，并非任何热度都可以蹭，积极正向的热度可以蹭，和自身定位相关的热度可以蹭，而一些负面的热度蹭了，不仅不会提升自身影响力，反而可能会为自身带来极大的困扰。

7.1.1 蹭热度的方式

热度蹭得好，能让UP主获得更大的曝光度，提升平台对其视频和专栏内容的推荐力度，覆盖更多的目标用户。

在具体操作时，UP主可以结合自身定位采用三种方式蹭热度。

正向解读

每一个热点出来之后，往往都会快速吸引一大批关注的目光。这时候，UP主需要从热点本身正向解读。

要先知道哪些热点可以蹭，哪些不可以蹭。通常而言，UP主可以通过三个标准确定要蹭的热点，确保能够获得最优的营销效果，如图7-1所示。

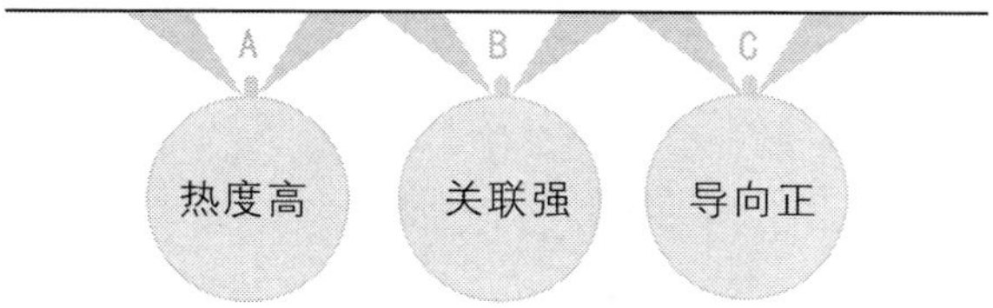

图 7-1　确定要蹭的热点的三个标准

另外，在确定了热点后，UP主在解读时也并非什么都可以说的。比如

2022年北京冬奥会这一热点，假如UP主进行负面解读或政治解读，便可能会违规，连发布视频的机会都没有，更不用提营销推广了。

那么，如何正确蹭北京冬奥会的热点呢？UP主可以结合自身定位，从四个方面切入，如图7-2所示。

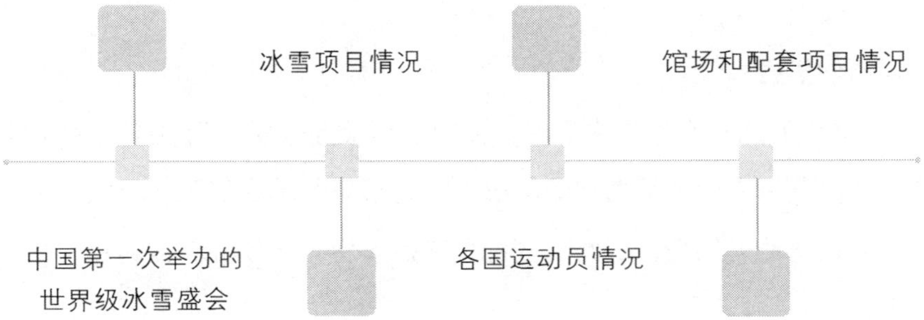

图 7-2　北京冬奥会的正确解读点

抓住这几点来蹭北京冬奥会的热点，就可以轻松地在B站上呈现出一个极具热度的视频。因此，在蹭热度时，首先要从热点出发，正向解读，而非盲目跟风。

学会借势

正确解读热点之后，UP主还需要强化内容和热点之间的连接，才能顺利搭乘热点快车。比如在B站发布视频要强化“冬奥会”关键字，在文案上、封面上都可以带有冬奥会的元素，吸引用户关注。

善于对比

通过对比性的巧妙设计，拿出自己具有独特卖点的视频，在用户面前展示，这样会给UP主的视频增色、提分。

7.1.2　蹭热度的关键点

UP主想要凭借热点在B站快速吸粉、引流，除了正确解读热点外，还需要掌握蹭热度的关键点。

速度要快

热点事件、娱乐新闻，或者热点人物，往往都是在短时间内火爆，一段时间之后就会消沉，新的热点将会代替前面的热点。所以，UP主一旦抓住了一个热点，就必须快速出击，在第一时间进行解读，第一个“吃螃蟹”，才能获得最大的关注。

互动性要强

在B站中利用热点推广内容时，要想达到最佳效果，UP主需增强内容的互动性，提升用户的现场感和参与感。人是群居性的高级动物，人人都有参与社会热点事件的热情，因此这些社会热点事件本身就会有很多用户乐于参与其中。

文案要有创意

无论UP主蹭的是什么样的热度，视频中都应该加强创意展现，尤其是文案上的凸显。UP主不能只是把热点复制粘贴在内容文案上，还应该加强文案的创意性。

比如美食领域的UP主，可以结合自身特长，以更新奇的方式蹭热度。假如UP主自身刀功比较好的话，可以尝试用南瓜、胡萝卜等雕刻一个大力神杯或者奥运会金牌。文案则可以这样设计——“足球世界杯要到了，给咱国足雕了一个大力神杯”。

7.1.3 蹭热度正确“姿势”

如今用蹭热度的方式来营销推广是非常大众化的手段，只要有热点谁都想和自己扯上一点关系，那么B站UP主蹭热度的正确“姿势”是怎样的呢?

蹭热度是一种很正常的营销方式，然而很多人认为只要能和自己的行业、企业扯上关系，用什么方法都值得。其实不然，只有以正确的方式蹭热度，才能达到最佳效果，反之，则可能造成负面影响。

和“我”有关

事实上，只要热度和你有关联，你就可以蹭。生拉硬扯只会让用户觉得别扭、僵化，用户自然不会关注你。

分辨热点的好声音和坏声音

不少所谓营销大咖的营销建议是先把热度蹭了再说，坏声音好过没声音。但是，现在是互联网的文明时代，用户需要的是正面的信息，虽然那些所谓的“坏声音”可能在短时间内能让UP主知名度大增，但是却不是长久之计，甚至可能会带来较大的负面影响，久而久之会导致其粉丝流失。因此，UP主需要分辨热点的好声音和坏声音。

此外，UP主在蹭热度时还需要优化热点，只有让内容更具深度、更专业、更有区分度，才更易于激发用户的分享或转发行为，扩大对目标用户群体的覆盖面。

7.2 用大号推小号

除了蹭热度引流外，UP主还可以采用“大号推小号”的方式进行推广，提升内容在用户眼中的价值，快速获得用户的信任，扩大内容对目标用户群体的覆盖范围。

7.2.1 选择和大号有关联且有价值的小号

用大号来推广小号，对UP主而言，操作起来很简单，但需要注意的是，并非所有的小号都值得推广。大号之所以会积累那么多用户，最根本的一个原因在于用心输出价值。一旦UP主推广的小号内容质量很差，甚至毫无价值，用户不但不会关注其小号，而且会对其大号失望，甚至取消关注。

因此，UP主用大号推广小号时，一定要注意其关联性和价值。

关联性

UP主推广的小号一定要与UP主的大号有所关联，关联性如图7–3所示。

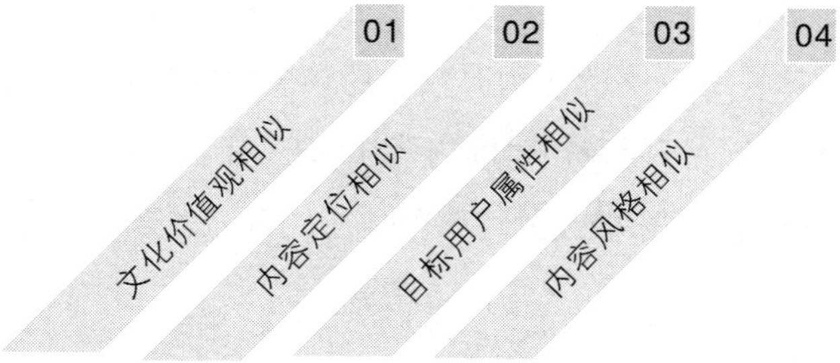

图 7–3　关联性的表现

比如你在B站上专注于PS内容输出，大号“巧做PS”有十几万粉丝，你便可以用大号推广办公技巧类的小号，诸如“PPT之友”“Word小能手”等。这样大号和小号之间就形成了内容的关联性，用户想学习PS，也可能会想学习PPT，还可能会对Word的功能感兴趣，于是就形成环环相扣的体系。再比如，你的大号主要推广时尚资讯，那么推广的小号需要也具有一定的时尚品位，如主要发布与时尚美妆、时尚服装搭配、时尚首饰等相关的内容。因此，大号、小号的关联性很重要。

价值

UP主推广的小号除了与大号有关联性，还需要考察它的价值，简而言之，小号的价值一定要高，其内容必须足够优质。

那么，什么样的内容才优质呢？具体而言，优质内容主要有三个特点，如图7–4所示。

图 7-4　优质内容的特点

7.2.2　在主页介绍栏推小号

UP主完美地搭建了符合推广标准的小号之后，接下来如何推广小号呢？最重要的一点就是要把握好用户的关注点。换句话说，用户打开UP主的账号主页第一眼看到的是什么？毫无疑问是头像、介绍、视频列表。如此一来，最佳的推广小号位置便非常明显了，那就是介绍栏。

通常情况下，UP主可以在介绍栏中用一句话的方式来介绍自己，这是UP主的标签，也是UP主的宣言。这一句话往往体现出UP主的个性，用户也非常关注这一点。

因此，在这一句话的介绍中，UP主可以巧妙地提及准备推广的小号，借助大号的影响力，自然而言地完成小号推广。

7.3　与其他UP主互相推广

UP主想要快速打响知名度，除了依靠优质的内容吸引用户关注和分享外，还可以和其他UP主结成推广联盟，彼此借力，相互推广。相对于UP主的自我推广，相互推广覆盖的用户范围更广泛，效果更佳。

例如生活在同一个城市的两个UP主，因为定位都是美食内容创作，彼此之间便可以结成互推联盟。通过相互推广，两个UP主能够分享用户资源，可以让各自的视频获得更高的曝光度。

那么在具体操作时，UP主应该从何处入手呢?

7.3.1 同行互推

同行之间不仅有“刀刀见血”的竞争，也可以有困境中的相互扶持。同行业的B站UP主，彼此目标用户相同或相似，相互推荐，很容易获取对方的目标用户，扩大双方影响力，提升双方知名度，最终实现“1+1＞2”的推广效果。

具体而言，同行互推的方法有两种，如表7-1所示。

表7-1 B站同行互推的两种方法

方法	释义	举例
搭车推广	和同行业大咖UP主放在一起推广，借助大咖UP主影响力放大自己的B站账号在用户眼中的价值	写一篇《2021年B站美食行业最值得关注的十大UP主》，前九大UP主为行业大咖，最后一位为其推广的B站账号
文末互推	在各自专栏和视频的末尾相互推荐，提升对方账号在各自目标用户群体中的曝光度	内容末尾添加“想要了解更多，欢迎关注×××”的引导语，或者公推送一个链接，此链接上有双方的B站账号，引导用户点击关注

7.3.2 跨行互推

除了在行业内寻找合作伙伴相互推广之外，UP主还可跨行寻找合作伙伴，利用其他行业的优质资源扩大自身影响力，快速提升知名度。

比如你专注文案技巧，而另外一位UP主擅长营销推广，你们在各自领域内都打拼了1年，有比较稳定的用户群，为了在下一年再上一层楼，吸引更多用户关注，提升各自账号的知名度和影响力，你们便可以结成推广联盟，利用在各自行业内的影响力推广对方的B站账号。

你们可以专门创作推广内容模板，在各自的视频中推广对方。推广内容的模板可以是这样的：

“今天，我想向大家介绍一位好友，他在B站上专注普及文案写作技巧（营销策略技巧），是B站上小有名气的文案高手（营销专家），大家关注一下他的账号，可以学到很多实用的文案写作（营销）技巧。”

通过持续互推，你们的B站账号知名度必然会有一定程度的提升，影响力自然也会进一步扩大。

跨行互推运用得当，可以快速打响UP主的知名度，提升UP主的影响力。但是在具体操作时，UP主需要注意三个问题，如图7–5所示。

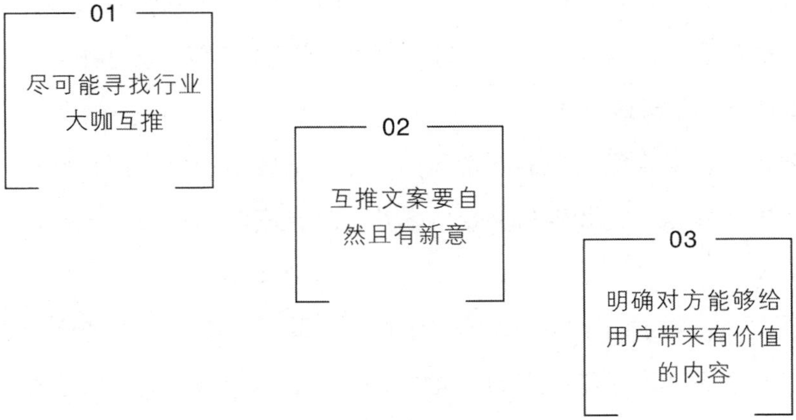

图 7–5　跨行互推的注意事项

7.3.3　组团线下共推

UP主还可以和同城的其他UP主组成推广联盟，将各自有限的资源聚合在一起，形成合力，通过举办各种线下推广活动提升影响力。

要想做好线下共推，UP主在组团时需要秉持三项原则，如图7–6所示。

图 7–6　组团线下共推的三原则

为了保证组团线下共推的效果，在推广之前，需要制订相应的计划。UP主在制订计划时需要确定以下四个要点。

要点一：确定各参与方提供的资源。组团各方应在平等自愿的基础上确定线下活动所需提供的资源，确保线下推广活动顺利进行。

要点二：明确各家的推广次序。首先推广谁，之后推广谁，事先要定出一个明确的次序，确保在任何时间大家都能合力推荐某一B站账号，确保线下活动的推荐效果最大化。

要点三：确定活动前的准备事项。线下共推活动需要用到什么，在事前都需准备妥当，比如准备充足的名片，确定嘉宾的行程，准备好奖品，等等。

要点四：确定有足够动人的“诱饵”。除了依靠活动本身吸引线下用户外，UP主还需要准备足够动人的“诱饵”，以金钱、物质等抓住用户眼球，提升他们的参与感和分享欲望。比如设置抽奖环节，奖品是无线耳机、电脑等，相信对用户的吸引力将是非常巨大的。

7.4 通过B站评论区引流

B站本身就是一个年轻人聚集的大本营，UP主可以通过评论区引流，提升自身品牌的知名度。B站年轻人喜欢通过评论表达观点，彰显个性，当UP主在与他们互动的过程中彰显出足够的价值时，他们便会成为UP主的新粉丝。

7.4.1 评论区引流三话术

在评论区引流，这看上去很简单，但是很多UP主的评论似乎收不到任何效果，问题出在什么地方呢？其实问题很简单，这些UP主不懂得如何用话术来吸引用户，在只言片语中拉近彼此间的情感距离。

在评论区和用户互动时，UP主可以使用三种话术，如图7-7所示。

图 7-7 评论区引流的三种话术

7.4.2 头像和昵称要显得专业

在B站爆款视频评论中引流，UP主还需要注意一点：头像和昵称要显得专业。有些UP主的昵称太通俗，甚至低俗，这样就难以在互动中吸引用户关注。还有些UP主的头像缺少个性，自然无法在第一时间触发用户的好奇心。

B站大咖往往在头像和昵称上特别讲究，会根据自己发布的内容来设计专业的头像和昵称。通常而言，想要在评论区快速引流，UP主的头像要符合下列几个特征：

（1）体现出与评论内容格调一致。UP主的头像风格一定要和发布的评论内容格调一致，若两者差异太大，很难吸引用户关注。

（2）调性要高大上，拒绝粗俗低级。任何社交媒体的帐号都要拒绝粗俗低级的头像。一定要选择调性高、品位高的头像，这样才能引人注目。

（3）头像颜色要符合用户审美。很多UP主的头像颜色要么非常刺眼，要么十分黯淡，两者都不能很好地吸引用户关注。好的头像必须要符合用户的审美。试想一下，哪种颜色在用户看来会比较舒服呢？这里推荐绿色和蓝色。绿色可以带给人温和的视觉观感，而蓝色效果不错是因为它与B站的蓝色logo基调一致。

（4）极具创意的头像更具吸引力。头像必须足够个性化才能吸引用户的关注，才会吸引用户持续和UP主互动。

（5）直接使用文字或者logo。很多UP主非常聪明，直接把昵称和logo放在头像上。没错，这样很引人注目。但是需要注意的是，文字不能过大，不能过多，也不能过小，字体最好是宋体或者黑体，最好不要五颜六色。如果使用logo也要尽量让整个logo都包含在头像内，不能让logo过大，以免显得头像设计太拥挤。

另外，要想评论区引流效果好，UP主的昵称要符合两个特征：

（1）昵称最好控制在5个字以内。过长的文字不易让人记住，用户看过就忘记，无法留下深刻印象。

（2）昵称里最好不要出现表情、符号。昵称里出现各种表情和符号，会让你的昵称显得非常混乱，不成体系，而且显得不专业。

7.5 巧用社群进行病毒式传播

社群病毒式传播是推广B站号的有效方法。基于同一习惯或者爱好，聚合在一起的用户会在交互中产生强大的聚心力，从而提高用户留存率和活跃度。提高了用户留存率和活跃度，UP主便可利用价值内容和物质手段引导这部分用户去影响更多的人。因此，UP主想要B站账号更加“红”，就必须巧用社群的力量。

7.5.1 清晰定义并分析目标用户群

想要在社群内做视频推广，第一步就是清晰定义目标用户群，并充分了解你的目标用户群。只有找到一个对口的社群，推广效果才会达到最大，否则你花费大量时间和精力做的推广就很有可能达不到预期效果。

如果你的目标用户群构成了一个社群，那么它就是对口的。知己知彼，方能百战不殆。了解如何做运营推广，从分析你要推广的目标用户群开始。比如，你是做健身的，想要推广你的健身视频，那么你的核心用户群就是那些想要让自己身材变得更好的年轻人和对健康越来越重视的中年群体，这些人就是你的社群推广对象。你还可以通过“百度知道”或者各类问答社区、QQ群等，“潜伏”在他们周围，通过现有的各类网络信息资源，充分了解目标客户群，了解他们的生活习惯，总结他们所关注的问题，弄清楚他们最热衷讨论的内容是什么。充分收集目标用户群体的各种信息，只有了解得足够多，才能有针对性地开展社群推广工作。

7.5.2　找到目标用户的痛点

了解了目标用户群，接下来UP主就要努力思考打动目标用户的产品功能点、目标用户需求点、目标用户痛点。前文已经讲到，UP主可以通过各种网络社群、网站等更接近并了解目标用户群，并收集他们的日常生活轨迹、关注的点。UP主不断地收集相关信息，并围绕相关信息，进行抽象、总结、思考，了解用户的痛点，分析他们潜在的行为决策方式，最终得出有效的打动用户的产品功能点。

在初步收集目标用户群的基本信息，获得其最基本的痛点的过程中，UP主发现的很可能是用户的伪需求、伪痛点。那么，UP主应该怎么办？答案是要经常与目标用户群互动，进行情感交流，甚至通过各种方式来试验这个痛点是否真实。最好的方法就是利用小号来“打探”，潜伏在他们身边，不断地收集更多的详细信息。

7.5.3　围绕用户痛点编写推广文案

抓住目标群体的痛点后，UP主需要对症下药，有针对性地提出解决方案，并将之包装成推广文案。

一个高效的推广文案，不需要引发用户思考，能够直接打动用户，让他们知道自己能够从中得到什么，能第一时间激发他们点击观看的兴趣即可。比如，“消灭啤酒肚的3个超实用方法，照着做1个月就让自己变少年”。

编写好符合用户群需求的文案之后就要进行推广，向目标用户出现的社群投放文案内容。

只有当UP主之前的分析、策划足够全面、详细，市场调研足够深入的时，才能通过文字、执行推广的话术等，有效地引导社群粉丝，按其推广套路走。

7.6 社交软件推广

通过社交软件推广B站账号，UP主能够充分利用自身的人脉关系和别人的人脉关系进行精准的高信任度裂变，持续扩大推广内容的覆盖面积，让更多的人知道UP主的B站账号，了解UP主的专栏，进而观看UP主发布的视频。

7.6.1 激活微博超话社区

微博作为当前人气最高的社交软件之一，人气高，影响力大，是UP主不可忽视的推广阵地。在推广时，UP主可以结合自身定位，灵活使用六种方法，如图7–8所示。

图 7–8　微博推广的方法

接下来我们重点说一下如何利用微博超话社区推广。

所谓超话社区，也就是微博用户搜索量、阅读量、发帖量、粉丝量比较高的一些话题的聚集区。那么，怎么找超话社区呢？

（1）打开手机微博客户端，在“发现”一栏中可以看到“超话”选项。

（2）进入超话社区，可以看到很多超话。接下来可以根据自己推广的产品来选择相应的话题。例如你定位在美食领域，那么就可以关注“餐饮”“美食”等超级话题，然后去发帖引流。

下面是具体的推广思路：

（1）发帖。直接编辑好内容，点击“发布”就可以在超话中发布帖子。发完信息，可以把超话内容同步到自己的微博中，以方便查看帖子的阅读量。阅读量越大，说明你的帖子受关注度就越高。

（2）发头条文章。这需要用到微博的PC端。发头条文章时对标题、内容、穿插图片要求比较高。内容是核心，如果你发布的内容没有吸引力，用户是不会关注的，因此要尽量创作有价值的内容，做好价值输出。发完信息，可以把话题内容同步到微博，方便查看帖子的阅读量。

（3）顶帖。这是一个非常关键的步骤，而且是决定推广引流量的重要一环。微博超话默认帖子顶置的规则是最近更新的帖子在最顶端。因此，如果我们想让自己的帖子排名靠前，需要时不时地更新、回帖。回帖有一个很重要的技巧，每次回帖的内容必须有变化，不能复制粘贴，否则，微博官方有可能会对回帖账号进行封号，限制你回帖。定时刷新回帖，这样可以保证我们的帖子排名靠前，让更多的用户看到并关注。

（4）设置自动回复功能。当我们的帖子被顶到了前面，就会有用户给我们的微博发私信。这是一个很关键的推广引流动作，如何将他们成功引流到自己的B站账号呢？可以使用微博自动回复功能，把B站账号内容设置在微博自动回复中，这样用户就会看到你的留言，继而关注到你的B站账号。

7.6.2 活用QQ推广

QQ是现代每个人办公、日常生活交流必不可缺少的一种社交软件，它让人们的社交变得更加方便，同时QQ也是非常好的B站账号推广工具。

利用QQ来推广B站账号时要注意几个小技巧。

（1）巧妙设计QQ头像、昵称。QQ头像、昵称是网络流量入口，UP主需要根据自己的B站账号性质来设计。

在实际操作时，UP主的QQ头像和昵称可以从三个方面入手设计，如图7-9所示。

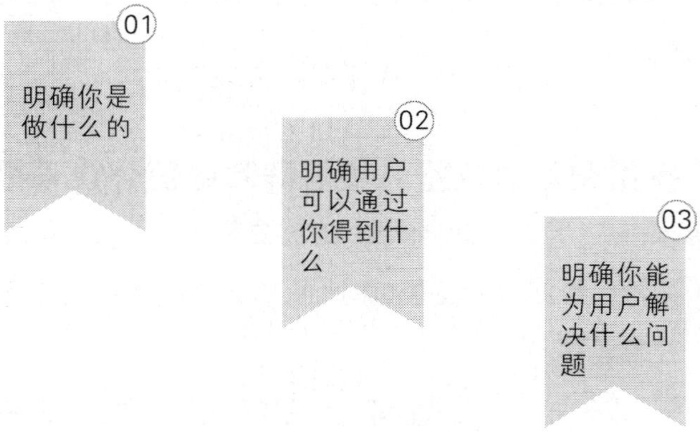

图 7-9 QQ 头像和昵称设计的三个方面

（2）提高QQ日志浏览量。QQ日志也是推广B站账号的一个好板块，这需要UP主每天重新编辑日志文章，再点击“更新动态”，你的日志便会变成一篇新的文章展现在别人面前。

（3）QQ空间送好友礼物。UP主可以批量发送礼物，每次发给7个人，这样做的好处是你送礼物给别人，别人登录QQ的时候会自动弹出来。在里面我们可以做足留言内容，比如在留言中加入B站账号、B站视频内容简介、视频链接等。但是这种方法不可太频繁，否则QQ官方会视其为恶意操作。

（4）重视QQ的个性签名。QQ的个性签名是推广的一个重要场地。UP主可以将个性签名设置成跟QQ空间说说同步，只要你有说说更新，那么你个性签名也会更新。在个性签名中加入B站的内容就可以让别人一目了然，这是一个不错的展示方式。

（5）QQ空间评论。UP主还可以每天手动去评论别人的日志、说说，那么别人只要登录QQ，就会看到你在对方空间留下的信息。

（6）每天加好友、加群。想要实现QQ的推广，UP主还需要每天加一些好友和群，例如每天加50个好友，每天加10个大群。加完之后，每天给50个好友发文章链接，每天给10个大群发群消息或者邮件，这样能大大增强B站账号的曝光率。

7.6.3 善用微信朋友圈、微信群和微信公众号推广

通过微信来推广UP主的B站账号，方式更是花样百出。随着移动互联网的快速发展，微信已经成为智能手机的标配，成为人们社交的必备软件，所以用微信推广效果显著。

（1）微信朋友圈推广。UP主可以在朋友圈内发布B站账号推广文案或视频，让好友看到你的B站动态和作品。如果你的视频有趣好玩，朋友圈好友就会关注和分享。当然，这种方法不能太过频繁，否则会被朋友圈好友屏蔽。

（2）微信群推广。UP主可以在自己加入的一些微信群中定期发布B站账号文案和视频，增强自己的存在感和曝光率。当然了，这种方法和朋友圈推广有一个共同之处，那就是要选择有质量的视频发送，而且不能频繁发送视频，否则会被群主移出群。同时也要注意时间，一般要选择在晚上黄金时间或者中午午休时发送，这样可以调动人们观看的积极性。

此外，UP主还需要不断加入一些大群，然后在互动中发布B站账号内

容，慢慢引导大群成员对你的关注。

（3）微信公众号推广。UP主还可以创建属于自己的微信公众号，定期发布内容推广B站账号。这样的方式会让UP主的B站账号看起来更加高端，对优质用户的吸引力会大为增加。如果UP主的文笔够好，在公众号上发布的文章被转发的次数就会越来越多，那么UP主的B站账号的知名度也就会越来越大。同时，UP主还可以和一些其他UP主的微信公众号联手合作，一起提高B站账号的曝光率。

7.6.4 用抖音推广

作为当前炙手可热的短视频平台，抖音仿佛就是流量黑洞，牢牢抓住了亿万用户的眼球。因此，借助抖音庞大的用户基数和超高人气流量，UP主的B站账号推广能够达到事半功倍的效果。

在抖音推广B站UP主账号的方法主要有两种。

（1）自己养号推广。在抖音上注册账号后，通过不断地发布优质原创短视频，不断提升抖音账号的人气和知名度。有了一定的人气和知名度后，UP主便可在视频中插入推广内容，推广B站账号。

（2）付费推广。UP主可以和抖音上的大咖合作，以付费的方式通过他们发布B站账号的推广内容，快速提升B站账号的知名度，吸引更多用户关注。

第8章

提升权重：懂得指标运营的UP主才有前途

在算法大行其道的背景下，想让发布的内容在激烈的竞争中脱颖而出，第一时间出现在目标用户眼前，就必须最大限度地提升其权重。B站也不例外，UP主只有了解了算法，提升其发布内容的权重，才能提高其发布内容的曝光率，让发布内容获得更强大的竞争力。

8.1　权重越高，爆款越多

B站会根据UP主身份认证、内容品质以及用户分享、收藏等情况给予发布内容一定的推荐支持——将UP主发布的内容推送到对其感兴趣的用户眼前。而推荐力度则和内容权重存在正比例关系：内容权重越高，推荐力度越大；内容权重越低，推荐力度越小。简而言之，内容权重越高，目标用户的覆盖范围就越广，成为爆款的可能性就越大。

8.1.1　优先审核

UP主在B站投稿的内容必须经过审核才能发布，具体审核流程如图8-1所示。

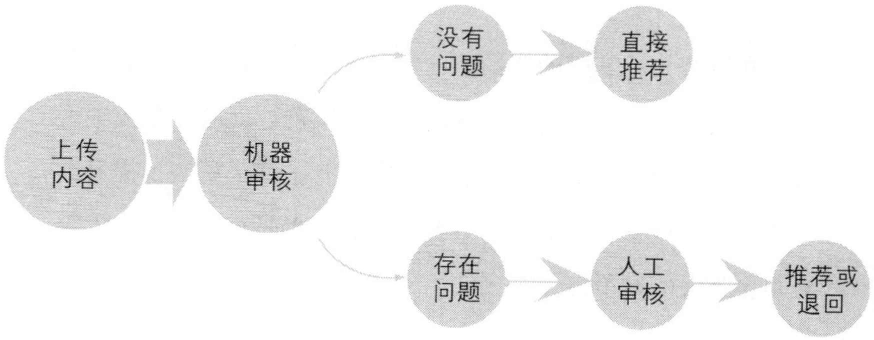

图 8-1　B 站内容审核流程

可见，B站和其他平台的审核流程是一样的，有机器审核也有人工审核。UP主发布的内容首先经机器审核，假如没有什么问题便会推送出去，假如发现问题，便会进入人工审核程序。当然，UP主在B站发布的内容，可能还会遇到这种情况：机器初审时并没有发现问题，但是视频发布后有用户进行了举报，这个时候B站便会人工审核相关视频，确实有问题的视频会直接处理，没有问题的则会继续公开推送。

B站内容审核的一个最大特点是UP主权重越高，内容品质越好，其在算法审核名单上的位置就越靠前。

比如你是一个优质的、已经认证加V的UP主，那么你所发布的内容审核速度便非常快，因为机器会优先审核高权重UP主发布的内容。即便高权重UP主投稿内容出现一些小问题，平台也仅仅是处理违规内容，并不会对账号做什么限制。但假如你是一个刚刚注册的UP主，发布的视频中含有违规内容，平台便会对你进行处罚，达到一定次数则会封号。

8.1.2 优先展示

B站除了会优先审核高权重UP主发布的内容外，还会优先展示这些内容，将它们第一时间展现在潜在的目标用户眼前，帮助UP主最大限度地获取人气。

具体而言，B站给予高权重UP主的优先展示权主要表现在三个方面，如图8-2所示。

图 8-2　优先展示权的表现

8.2 权重低是因为你不懂推荐机制

很多UP主总会存在这样的困惑：随手一拍，随手一剪，播放量竟然破万。但当下定决心要做一期好视频时，用心拍摄，精心剪辑，投入了巨大的时间和精力，最终的播放量却只有可怜的几百！为什么会出现这样鲜明的对比呢？答案很简单，视频权重高低决定了视频内容被B站推荐力度的大小。

8.2.1 B站的阶梯推荐机制

B站算法的核心目标是将内容优先展示在可能喜欢它的用户眼前，为了实现这一目标，B站算法采用了阶梯推荐机制。UP主发布的内容通过审核后，B站算法会将其推送给一个小的流量池——将内容展示在一小部分目标用户眼前。假如UP主发布的内容能够引起这部分用户的兴趣，能够和他们发生非常强的化学反应，比如有很多用户从头看到尾，积极点赞和评论，有很多用户将视频分享给朋友，算法便会认为UP主发布的内容比较优质，具备爆品潜力，便会将内容推送到下一个大一点的流量池中，扩大内容对目标用户的覆盖面积，给予其更多的流量支持。反之，假如UP主发布的内容对用户的吸引力不大，完播率、点赞数、评论数、收藏数、分享数等都很低，算法便会停止推荐，这就意味着内容失去了出现在目标用户眼前的机会。

具体而言，B站的阶梯推荐机制如图8-3所示。

图 8-3　B 站的阶梯推荐机制

8.2.2 热门推荐

针对在阶梯推荐阶段具备爆款潜力的内容，B站还会进行热门推荐，给予更多的流量支持。

具体而言，热门推荐可以分为两种。一种是给予热门内容首页坑位，让热门视频进首页，上头条。如此一来，热门内容必将获得最强曝光，获得更大的关注，收割更多人气。另一种是UP主的内容虽然不够热门，没有达到进首页的标准，但内容确实优质，这种情况下，B站便会启动人工推荐，由专门的运营人员手动推荐。

8.3 认证越全面，权重越高

既然高权重能够获得如此多的“特权”，那么UP主如何提升所发布内容的权重呢？生活中，一个人越真实，越有成就，周围的人对其便越信任。同样的道理，UP主在B站的认证越全面，在用户眼中便越真实，越有权威性，便越易获得用户的信任，B站给予其发布内容的权重自然会越高。

8.3.1 知名UP主认证

对B站UP主而言，没有什么比获得“知名UP主认证”更有身份感和成就感的事情了——它不仅是对UP主在B站创作成就的肯定，而且是UP主所发布内容吸引用户关注的金字招牌。试想一下，用户在看到“B站知名UP主”的官方认证后，首先产生的印象是不是好奇，是不是信任？而好奇和信任则为用户进一步了解UP主提供动力，有了这种认证，UP主无疑会收获更多用户的关注。

以手机App为例，“B站知名UP主”的认证流程如下：

（1）登录B站手机App，点击首页右下方“我的”按钮，进入“我的”页面，如图8-4所示。

（2）点击“推荐服务”板块中的“创作中心”，进入“创作中心”页面，如图8-5所示。

图 8-4 B 站“我的”页面

图 8-5 “创作中心”页面

（3）在“创作中心”页面中点击“更多功能”选项，进入“更多功能”页面后，点击“哔哩哔哩认证”，如图8-6所示。

（4）在“哔哩哔哩认证”页面，点击“个人认证”板块下的“知名UP主认证”，按照提示上传资料即可，如图8-7所示。

图 8-6 “更多功能”页面

图 8-7 “哔哩哔哩认证”页面

需要注意的是，UP主想要顺利获得“知名UP主认证”，需要满足四个条件，如图8-8所示。

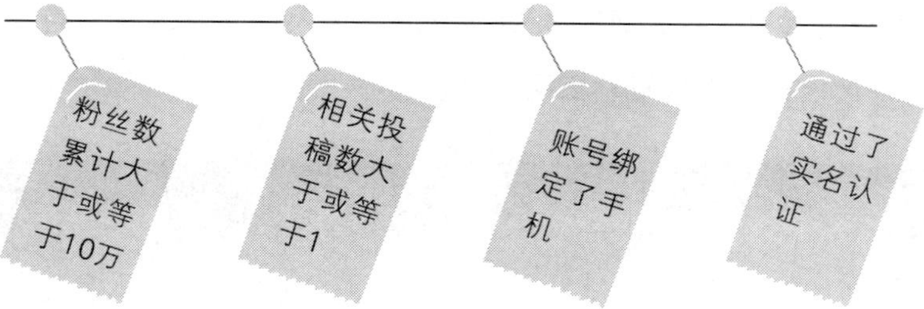

图 8-8 获得“知名 UP 主认证”的条件

8.3.2 身份认证

当UP主在现实生活中拥有一定的社会身份或在某个领域具备较为突出的成就时，可在B站申请“身份认证”，以现实生活中的身份强化自身在B站的标签，提升个人品牌辨识度，继而吸引更多用户的关注，获得他们的信任。更重要的是，获得“身份认证”后，UP主可以获得更高的权重，诸如专属身份标识、搜索优先显示等。

以手机App为例，B站“身份认证”和“知名UP主认证”入口相同，可通过“B站首页—我的—创作中心—更多功能—哔哩哔哩认证”路径找到。在“哔哩哔哩认证”页面中的“个人认证”板块，单击“身份认证”，按照要求上传资料即可。

需要注意的是，B站“身份认证”需要满足三个条件才能申请，如图8-9所示。

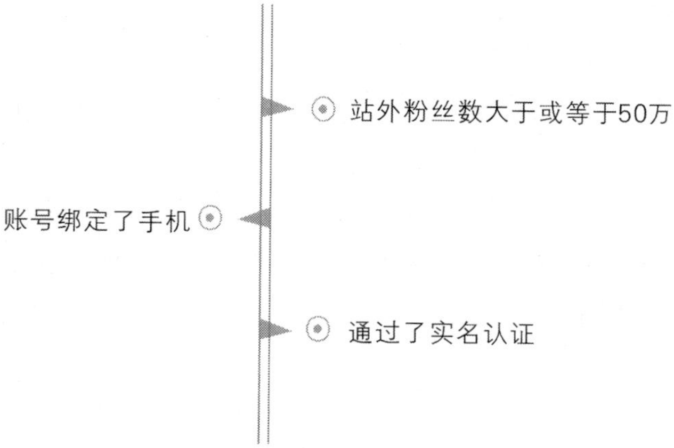

图 8-9 “身份认证”的申请条件

8.3.3 专栏领域认证

当UP主致力于专栏创作，在B站写小说、影评、游戏攻略之类的图文内容，为了提升UP主在用户眼中的权威性和号召力，可以申请“专栏领域认证”。申请通过后，B站除了给予UP主“优质专栏UP主”标签外，还会给予其作品更多的曝光机会和资源倾斜，其作品会受到更全面的版权保护。

以手机App为例，“专栏领域认证”和“知名UP主认证”入口相同，可通过“B站首页—我的—创作中心—更多功能—哔哩哔哩认证”路径找到。在“哔哩哔哩认证”页面中的“个人认证”板块，单击“专栏领域认证”，按照要求上传资料即可。

“专栏领域认证”的申请条件如表8-1所示，满足任一条件即可申请。

表8-1 “专栏领域认证”的申请条件

条件	具体内容
站外优质图文作者	单个站外主流图文创作平台（知乎、微信公众号等）达到10万粉丝，数量真实有效且与UP主互动良好；图文内容优质，资质为本人或团队真实拥有；至少在站内成功投稿3篇专栏
站内优质专栏作者	站内粉丝数量1000～10万，粉丝真实有效，与UP主互动良好；近半年内发布原创专栏超过10篇，累计阅读量超过10万次
专栏活动优胜作者	在哔哩哔哩专栏举办的各类活动中取得一定名次（入围类奖项除外）

8.3.4 企业认证

当UP主主体为企业时，为了提升权重，可进行企业认证，审核通过后，会获得蓝V标识。

以手机App为例，“企业认证”和“知名UP主认证”入口相同，可通过“B站首页—我的—创作中心—更多功能—哔哩哔哩认证”路径找到。在“哔哩哔哩认证”页面中的“机构认证”板块，单击“企业认证”，按照要求上传资料即可，如图8-10所示。

图 8-10 “企业认证”页面

需要注意的是，企业名称必须是营业执照上的全称或简称，有商标证明的，可以用商标名称，否则不予通过。

8.4 引导用户四连击

通常而言，B站权重除了账号权重外，还包括内容权重，即UP主所发布的视频、专栏等被推荐的力度。那么B站会向什么样的内容倾斜资源呢？答案很明确，投币多、收藏多、分享多、弹幕多的“四多”内容，意味着品质高，用户认可度高，B站自然会给予其更高权重和更大力度的资源支持。

8.4.1 投币多，权重高

投币是B站用户对视频表达认可的一个道具，和点赞、收藏、分享并列。其中搬运视频每人最多投1个币，原创视频每人最多投2个币。在B站算法中，用户投币越多，意味着该视频价值越高，潜力越大，权重自然也就越高，视频能够享受到的资源倾斜力度也就越大。

通常而言，用户在B站获得硬币的途径主要有两种：

登录奖励。用户会员等级为LV0时无法通过登录获得硬币奖励，等级大于或等于LV1并且绑定手机时，每天登录可获得硬币奖励。

投稿奖励。用户可以通过投稿视频来获得更多硬币（用户投币的10%将作为UP主的硬币收入奖励）。

可见，用户获得硬币的途径有限，付出的成本较高，因此投币时必然趋向谨慎。在这种背景下，视频能够获得较多的硬币，便意味着用户对该视频的认可度较高，B站给予其较高权重也就非常自然了。

那么，UP主如何才能激发用户的投币行为呢？方法有三种，如图8–11所示。

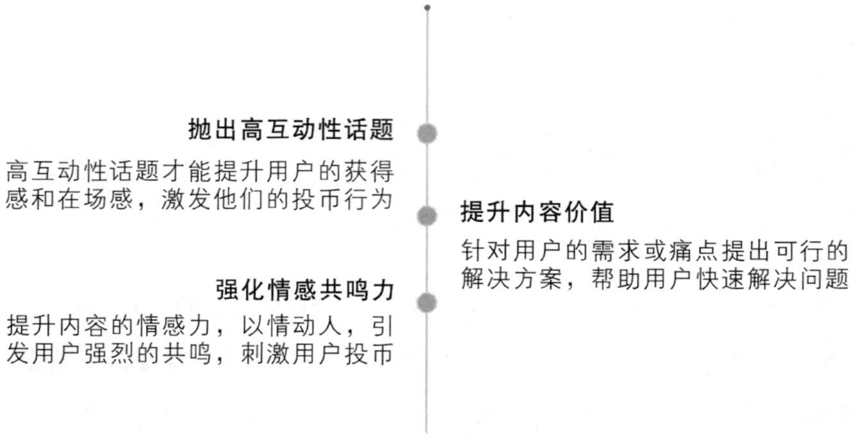

图 8-11　激发用户投币行为的方法

8.4.2　收藏多，品质优

B站提升内容权重的指标除了用户的投币数外，还有一个非常重要的指标即收藏量。通常而言，用户收藏的数量越多，代表着内容之于用户越有价值，内容品质在用户眼中更高，算法自然给予该内容更高的权重，将其推荐到更多用户眼前，助力其成为爆款内容。

因此，想要提升内容的权重，UP主还必须想方设法引导用户收藏视频。那么，UP主如何才能提升内容的收藏量呢？UP主可以结合自身能力，从四个方面入手。

提升内容质量

一方面，UP主需要提升视频的画面清晰度，保证视频整体流畅，逻辑完整；另一方面，视频要有干货，能够切实满足用户的需求。因为内容是决定用户收藏与否的基础因素，高品质的内容才会激活用户的收藏欲望，假如内容平平，让用户感受不到任何价值，试想一下，用户会收藏吗？

提升干货数量

内容干货数量是吸引用户收藏的一个重要因素，通常而言，干货数量越多，对用户的价值就越大，用户收藏的概率也就越高。比如同样是分享做PPT的技巧，10个技巧和3个技巧比起来，用户会觉得10个技巧的价值更高，对自己的帮助更大，视频更具收藏价值。因此，UP主提升内容中的干货数量，可以有效地加强用户的收藏意愿。

碰触用户刚需点

内容只有满足用户的需求，能够为他们带来实实在在的利益，解决最迫切的问题，他们收藏的意愿才会强烈。比如解决生活问题的小技巧比起意识类内容收藏量会高很多，因为生活中的问题大家经常遇到，是大家迫切需要解决的，而意识类内容对于用户而言则显得可有可无，在很多用户眼中收藏价值并不大。

具体而言，UP主在碰触用户刚需点时需要坚持三项原则，如图8-12所示。

图 8-12　碰触用户刚需点的三项原则

拥有足够的代入深度

所谓代入深度，是指UP主发布的内容要有足够的参与感和现场感，要能让用户获得愉悦的体验感。比如同样是美食视频，快手菜视频往往比很多名菜视频更受用户欢迎，获得的收藏数更多，一个最主要的原因是快手菜视频拥有足够的代入深度，能够让用户很轻松地掌握做菜技巧，记得住，做得好，而那些名菜视频则需要用户准备很多原材料，掌握一定的刀功和火候，异常烦琐，参与感不强。

8.4.3 分享多，分量重

用户分享次数是影响内容权重的一个重要因素——用户分享次数越多，内容裂变就越快，意味着内容在用户眼中越有趣、越有用，B站给予内容的权重便越高，推荐力度就越大。反之，用户分享内容的次数越少，意味着用户对内容的兴趣越低，内容在用户眼中的意义越小，B站给予内容的权重就越低，推荐力度也就越小。

因此，UP主需要提升所上传内容的分享力，继而快速提升其权重，以获得更大的推荐力度。具体而言，UP主可以从三个方面提升所上传内容的分享力。

增加可谈论性

UP主找一些话题性强的选题，或者趣味十足的话题，可以有效提升用户分享内容的积极性。因为用户愿意分享的内容往往是有代表性的，或者非常有趣，或者具有一定的争议性，或者能显著增强自己的身份感。比如选题“能看懂的都是精英”，可谈论性就非常强，能够在很大程度上激发用户的分享行为。

发起游戏竞赛

UP主可以通过在内容中增加游戏竞赛的方法，提升内容的可参与性，增强用户的体验感，带动用户传播。因为在全民娱乐的大背景下，游戏往往会产生更强的吸引力，继而大大增强用户的参与感和体验感，刺激用户产生更多的分享行为。

具体而言，UP主可以发起的游戏竞赛种类如图8-13所示。

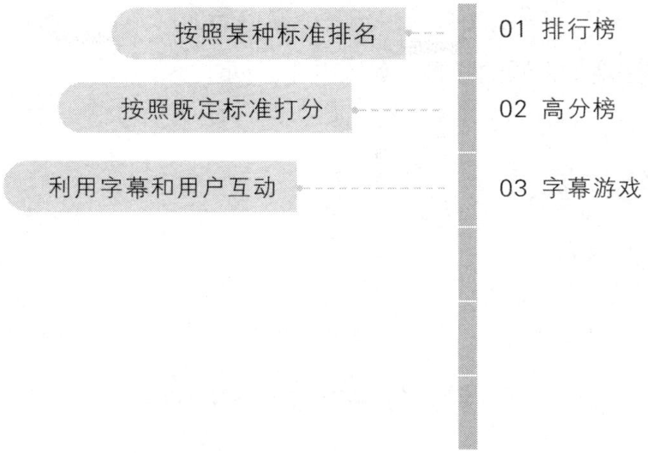

图 8-13　UP 主可发起的游戏竞赛种类

打造专属感

UP主可通过打造内容标签、强化内容获取权限等方式营造一种“定制”氛围，继而给予用户强烈的成就感和获得感，最终刺激他们为了炫耀这种专属感而持续分享。比如UP主创建社区，只为社区里的用户提供内容，就可以打造明显的专属感。

8.4.4　弹幕足，推荐猛

在弹幕文化大行其道的B站，弹幕的数量也在很大程度上影响着内容的权重。通常而言，UP主发布的视频中用户弹幕互动非常活跃，意味着该视频在用户眼中有趣、有价值、有极强的体验感，B站自然会提升视频推荐权重，向其倾斜更多的资源，增加推荐力度；反之，弹幕互动积极性不高，视频弹幕寥寥无几，意味着该视频在用户眼中吸引力不足，话题性不够，B站自然不会给予其更多的推荐。

因此，UP主发布视频时，需要考虑如何吸引用户发弹幕，才能获得更大的推荐力度，提高其成为爆款的概率。

那么，UP主如何才能引发用户发弹幕的行为呢？具体而言，UP主可以使用三个方法增加视频的弹幕，如图8-14所示。

图 8-14　增加视频弹幕的方法

8.5　提升“五度”，获得更强推荐力

UP主除了引导用户大量投币、收藏、分享和发弹幕以提升内容权重从而获取平台更大力度推荐外，还可以从内容创作本身出发，通过提升内容的原创度、健康度、活跃度、垂直度以及播放完成度以提升内容权重，以获得B站更大力度的推荐。

8.5.1　原创度

对内容而言，原创性是其新鲜度和生命力的最基本保障。新鲜度能够确保内容对用户产生较强的吸引力，在第一时间抓住用户的眼球；而生命力则能确保内容可以积累足够多的人气，继而大大提升一般内容升华为爆款内容的概率。

具体而言，原创内容具备三大优势，如图8-15所示。

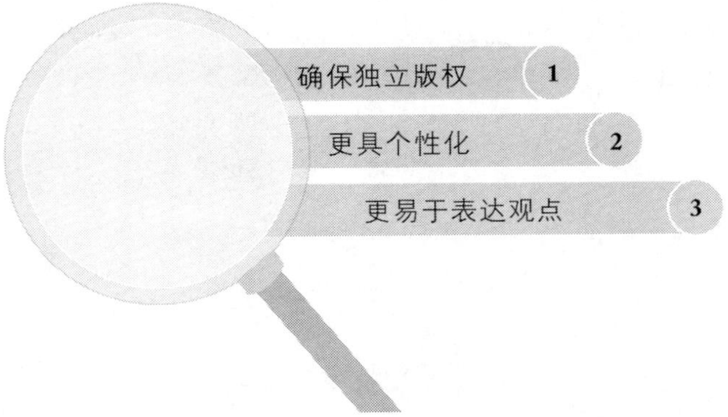

图 8-15　原创内容的三大优势

那么，UP主如何提升内容原创度呢？在实际创作中，UP主可以结合自身实际情况灵活选择四种方法提升内容原创度，如图8-16所示。

图 8-16　提升内容原创度的方法

8.5.2　健康度

健康度是影响内容权重的另一重要因素，UP主在B站投稿的内容健康度越高，被推荐的力度就越大；反之，内容消极，平台便不会给予任何推荐，甚至连审核都通不过。

UP主可以使用三种方法提升内容健康度，如图8-17所示。

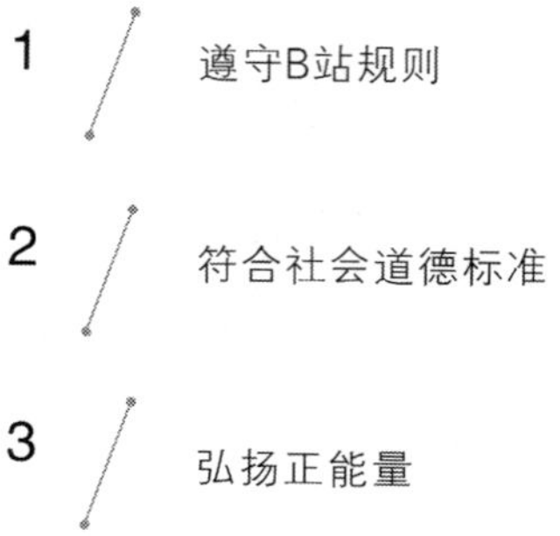

图 8-17　提升内容健康度的三种方法

8.5.3　活跃度

UP主发布的视频或专栏活跃与否，也是影响其权重的重要因素。通常而言，内容活跃度越高，用户互动积极性越强，平台给予的权重就越大，倾斜的资源就越多；反之，内容活跃度越低，用户互动积极性越弱，平台给予内容的权重就越低，推荐力度就越小。

那么，UP主如何提升内容的活跃度呢？在实际操作时，UP主可以结合自身实际情况，灵活选择四种方法提升内容活跃度，如图8-18所示。

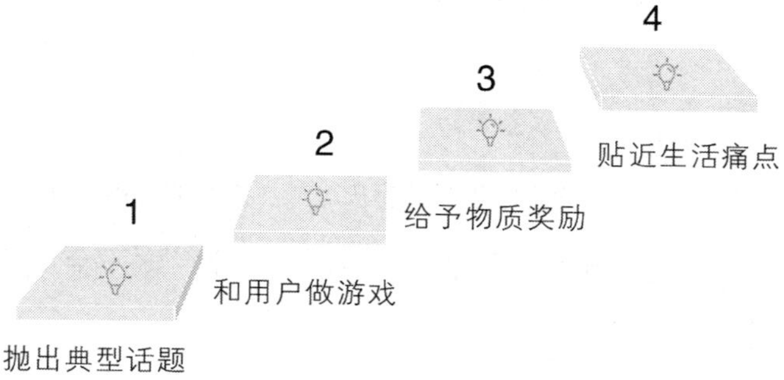

图 8-18　提升内容活跃度的四种方法

8.5.4　垂直度

在B站，内容权重还和垂直度有直接关系。通常而言，内容垂直度越高，权重就越大，平台的推荐力度就越大；反之，内容垂直度越低，权重则越小，平台的推荐力度就会越小。

所谓内容垂直度，是指UP主的内容和最初选择的领域是一致的，一个账号一直以来输出的是同一类型的内容。假如UP主今天发布的是搞笑段子，明天发布的是美食教学视频，后天又说起了健身，那么其内容垂直度就很低。

UP主可以从两个方面入手，提升内容垂直度，如表8-2所示。

表8-2　提升内容垂直度的两种方法

方法	解析	举例
垂直性昵称	UP主可以在账号昵称中添加一些垂直性词汇，确保用户看到后便知道其侧重的领域	“深圳房姐”“漫画小师傅”“PPT冲浪”等
输出专业内容	UP主需要在某一领域内持续输出干货内容，打造专家形象，为用户带来实实在在的利益	持续专注美妆技巧输出，让女性变得更加年轻、美丽

8.5.5　播放完成度

播放完成度是指完整观看视频用户数与点击观看视频总用户数的比值。通常而言，播放完成度越高，意味着视频对用户的吸引力越强，视频成为爆款视频的潜力越大，B站自然会给予更高权重和更多的资源倾斜。

视频的播放完成度低，意味着大多数用户看了一会儿便退出，说明视频没有看点，缺少互动，留不住用户。因此，UP主需要有针对性地进行提升。UP主如何提升视频的播放完成度呢?

第一，合理进行时长设置。如果UP主对自己的内容质量把握得不是很好，那就要尽量缩短视频的时长。因为时长短的视频播放完成度相对于长视频更容易提升。一般情况下，视频时长最好控制在1分钟之内比较合适。

第二，把握好黄金6秒。决定视频之于用户吸引力的往往是开头的6秒——用户会做出是关掉视频还是继续观看的决定。如果想提升视频的播放完成度，UP主就要做到以下五点：

（1）6秒内把视频内核的主题内容表现出来，不要拖泥带水，要快速切入。

（2）搭配好音乐，最好选择符合主题且当下火爆的音乐。

（3）视频封面对吸引用户注意力非常关键，要突出视频主题。

（4）写好文案，好的标题或开头文案能吸引用户继续看下去。

（5）内容高品质，在6秒内就让用户认识到视频的高质量。

第9章

矩阵打造：能做强的UP主从不单打独斗

随着B站视频数量的爆发式增长，UP主所面临的竞争越来越激烈，推广运营的压力也越来越大。在这种背景下，一个B站账号显得势单力薄，因此，从自身需求出发，开设不同功能的B站账号，建立团队战斗式的账号矩阵便成了UP主走向成功的一条捷径。不同的账号定位与内容塑造，可以有效地承担起各个功能的作用。面对重要节点、热点造势等情况，更可以互相合作，形成传播合力。各个账号相互独立又彼此关联，粉丝也可以根据自身需求，利用搜索功能快速精准地找到组织，从而使各个账号之间能够相互引流。

9.1 打造一个相互引流的B站矩阵

所谓矩阵，是指UP主在B站申请多个账号，通过主账号和子账号之间的呼应式运营，最终实现“1+1＞2”的效果。通过打造矩阵，UP主能够大大缩短养号的时间，实现多类型账号互动，最大限度地提升主账号的影响力。

9.1.1 单打独斗是莽夫

新手UP主，特别是企业类UP主，想要在短时间内提升账号的人气和影响力，单打独斗，运营单一账号，需要持续投入资源运营，所需要的时间往往较长。而依靠多账号组团打造矩阵的方式，UP主则能在短时间内提升主账号的人气和影响力。

具体而言，相对于单一账号，矩阵主要具备三大优势，如图9-1所示。

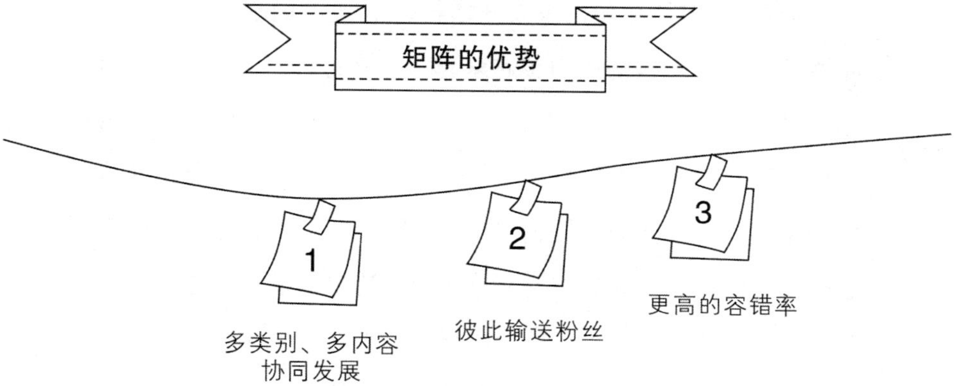

图 9-1　矩阵的三大优势

比如华为技术有限公司，在B站上便有“华为终端”“华为云”“华为开发者联盟”“华为招聘”“华为小姐姐聊5G”等账号。这些账号不仅在内容上遥相呼应，还通过不同的角色定位形成合力，大大提升了“华为”品牌在年轻人心中的形象。

9.1.2 B站矩阵的整合营销

为了扩大主账号的影响力、合理利用B站为个人或企业进行宣传，有效应对缺乏专人管理的局面，建立B站矩阵已经是B站运营必不可少的事情。矩阵思维源于企业营销中的整合营销理论，有两个必须项：如果是个人号，那么矩阵必须有主账号和小号；如何是企业号，则必须有品牌账号与其他系列产品账号。

B站矩阵的整合营销倡导主账号为主平台，主导其他账号。B站矩阵的整合营销中主要需要注意四个方面的管理问题：

平台管理问题

不少UP主只有一个账号，一个账号扮演不同的角色，特别是企业账号，一会儿扮演客服人员、一会儿扮演销售人员、一会儿又扮演企业领导，运营起来自然困难。因此，便需要几个账号分别承担不同功能。

关联管理问题

假如矩阵账号之间没有多大的关联，彼此之间的互动非常少，便很难产生“1+1＞2”的效果。可见，没有互动，主账号和其他账号就不活跃，基本处于自娱自乐的状态。因此，打造B站矩阵时，矩阵内的账号必须有一定的关联，比如角色定位上的互补，内容输出上的呼应，等等。关联管理是UP主在组建矩阵时比较容易忽视的，所以这一点一定要注意。

行为管理问题

行为管理主要是对引起注意、品牌推介、产品销售、活动推广等典型的B站营销行为的管理。

风险管理问题

很多时候用户转发UP主的视频是来自一种情绪，除了喜爱之情外，还有可能是愤怒或不满的情绪，后一种情绪大量汇聚后会造成一场危机。因此，UP主需要做好风险管理工作，避免不好的局面扩大。

9.2　矩阵模式

矩阵的构建模式多种多样，贵在用其所长，避其所短，UP主才能最大限度地发挥矩阵功能。那么，B站UP主应该选择什么样的矩阵模式呢？对UP主而言，只有首先掌握了各个模式的特点，才能结合自身实际找出最合适自己的B站矩阵模式。

9.2.1　1+*N*矩阵

所谓1+*N*矩阵，是指建立一个以产品线为主导的账号矩阵，1个主账号下再开设*N*个子账号，以此构建完成的B站账号体系，如图9-2所示。

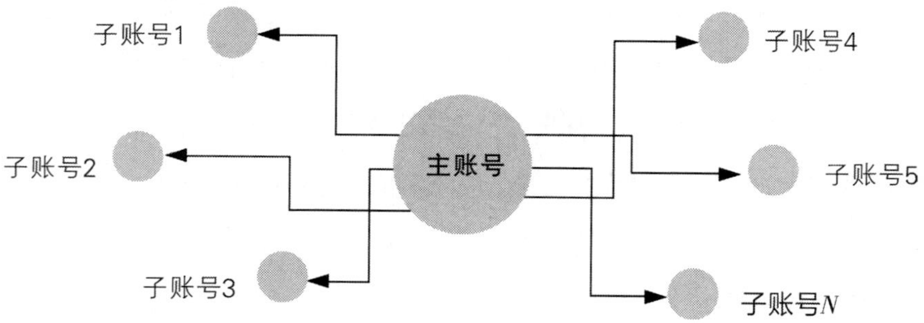

图9-2　1+*N*矩阵模式

具体而言，1+*N*矩阵模式在营销方面可以起到以下两大作用：对于产品结构与品牌构成比较简单的企业，这种模式可以起到弱化品牌定位、强化产品卖点的作用；有利于旗下产品在用户心中形成更加鲜明的特色，能够准确地影响目标受众。

央视在B站打造的矩阵便采用了1+*N*矩阵模式，以“央视新闻”为主账号，分别开设“央视网”“小央视频”“央视频”“央视网快看”“央视纪录”“央视财经”等账号，构成以宣传央视品牌和各类央视资讯为目的的B站矩阵。

9.2.2 AB矩阵

所谓AB矩阵，是指以品牌形象塑造、维护为目的，一般是通过一个形象B站账号加一个品牌B站账号的形式组建矩阵，如图9-3所示。

图 9-3 AB 矩阵模式

AB矩阵在营销方面可以起到两大作用：其一，一正一辅，两个账号可以同时发力，但要注意避免信息混乱，账号定位一定要清晰；其二，一硬一软，“硬”是指硬广告，直接在账号上给自己的品牌或产品打广告，“软”是指通过情景演绎或是模仿热点视频插入广告信息。

仔细分析，可以发现京东在B站上建立的矩阵就是属于AB矩阵模式，形象B站账号为“京东”，品牌B站账号为“京东家电情报员”。形象B站账号“京东”主要从整体上树立京东的良好形象，而品牌B站账号“京东家电情报员”则主要为打造京东的良好品牌做推广、做服务。两者同步发力，既避免了信息的混乱，又有明确的定位。

9.2.3 蒲公英矩阵

蒲公英矩阵是指信息由一个账号进行发布并传播后，其他多个账号进行转发，再以其他账号为中心进行新一轮的扩散。这种模式适合旗下品牌较多的企业，然后由母企业这个核心账号统一管理旗下多个账号，但需要注意的是，核心账号不能对其他子账号过多地干涉，影响子账号的运营。

蒲公英矩阵的信息营销优势有二：第一，利用转发等功能，通过矩阵整体优势扩大信息覆盖面；第二，信息可以多次触及用户，并形成持续影响力，进一步加深用户对企业的印象。

组建蒲公英矩阵时需要注意以下几点：

第一，各账号之间需要做到两点：定位要有明确性、一致性，内容要有独特性。如此，才能避免账号内容雷同而让用户反感。

第二，根据目标用户选择转发账号，账号与账号之间的转发并不是盲目的，需要覆盖相应的目标用户。

第三，转发的内容不能过于垂直，要有一定普适性，否则会影响传播效果。

9.3 不同的B站账号，不同的角色定位

角色定位是指在一定的系统环境下，在一个组合中拥有相对的不可代替的定位。B站矩阵就像一个团队，每个账号都有属于自己的角色定位，都需要按照角色定位规划和发展。在矩阵团队中，每个账号都主动扮演或被动扮

演着一个角色，每个角色都有不同的特点和作用，每个角色的效能的发挥程度也将会影响整个矩阵团队为个人或企业引流的目标实现程度。

9.3.1 角色定位易犯的错误

在实际的操作过程中，UP主常常会犯以下错误，导致矩阵运营效果不明显：

第一，角色定位过高。过于看重团队中的某个角色，对其提出高于这个账号实际可以承担的角色定位要求。这种情况大多出现在新开设的账号上，随着B站内部竞争加剧，新账号引流越来越困难，但是UP主给其的角色定位是“帮助主账号的引流者”，这就是超过了这个账号本身的角色定位。

第二，角色定位过低。与角色定位过高相反，角色定位过低是指使某个B站账号承担低于其实际可以承担的角色。比如矩阵内的账号A，已经拥有了100万粉丝，但是UP主对其的角色定位还是帮助主账号引流。虽然这也是该账号需要承担的角色之一，可是它已经能承担其他角色，比如变现者，可以和主账号一样接广告，为UP主带来更大的价值；或者是带领者，带领其他小号不断地前进，从而也让其他小号成为新的变现者或带领者。如果矩阵内存在这种角色定位过低的情况，实际上就是对资源的一种浪费。

第三，角色错位。其是指给B站账号的定位与其实际应当承担的角色不符。比如拥有100万粉丝的账号A应该承担品牌宣传的角色，但是UP主却将其定位成在账号评论区与主账号互动的角色，虽然也能起到一定的作用，但是品牌宣传的作用就被大大弱化了。

小米公司在角色定位上就做得非常好，小米公司在B站上建立了自己的B站矩阵，其主账号为“小米公司”，截至2021年3月8日，拥有粉丝139.5万人，获赞306.9万次。“小米公司”是主账号，它的其他子账号定位也非常明确，既是引流者也是变现者，比如“小米MIUI”。

众所周知，手机是小米公司的发家之源，虽然现在小米公司已经成为全面的互联网科技公司，旗下有各种各样的产品，但是小米手机一直扮演着核心角色，仍然拥有不少粉丝。因此，如果只用“小米MIUI”给“小米公司”引流，那么真的是浪费资源。“小米MIUI”本身也可以成为一个主账号，一个变现者的身份，除了可以为主账号引流外，还可以通过持续内容输出打造超强IP，进一步强化小米品牌在年轻用户心中的美誉度。

9.3.2 三个技巧稳固B站矩阵

除了角色定位，每个账号也应该有自己的定位，如此才能保证主账号发展得好时，子账号也能成为一个有更大价值的账号。那么，各个子账号应该如何定位呢?

第一，一个账号只专注一个领域。UP主在定位子账号时，需要明确其垂直领域，不能今天发美食制作视频，明天发英语教学视频，后天发游戏解说视频。因为B站垂直类账号，用户忠诚度更高，发展潜力更大，运营起来更轻松，只要UP主稍微用点心，便很容易吸引目标用户关注。

第二，B站矩阵的定位布局。UP主在定位矩阵时，需要从宏观上进行布局，以确保各个子账号之间既相互独立又具有一定的联系。特别是在打造企业账号矩阵时，通常固定三类账号，如图9-4所示。

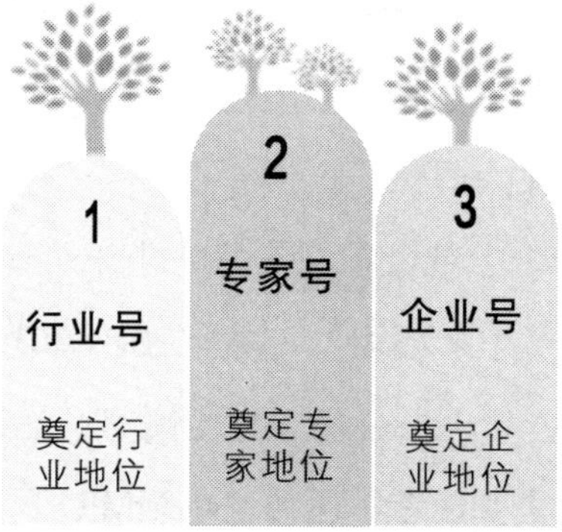

图 9-4 企业账号矩阵的三类账号

第三，B站矩阵内的账号要有相关性。虽然说每个子账号都要相对独立，但是各个子账号还是要有一定的相关性，比如目标粉丝群接近、内容有关联，否则互相之间很难引流。

9.4 每个子账号都有清晰的目标用户

B站矩阵内的子账号其实都有两种身份：第一，助力者，帮助主账号引流；第二，独立者，子账号也需要成为一个能产生价值的账号。若子账号为后一种身份则其在运营的过程中也需要找到自己的目标用户，针对自己的目标用户做运营。那么，如何才能找到子账号的目标用户呢？

9.4.1 利用粉丝画像定位目标用户群

粉丝画像是根据社会属性、生活习惯和其他行为等信息而抽象出的一个标签化的粉丝模型。B站UP主通过这个粉丝模型就可以找到每个子账号的目标粉丝群，继而方便开展以下的工作。

第一，精准营销。UP主需要明确子账号的潜在目标粉丝群，继而在之后的运营中对特定群体进行精准营销。这一点在B站账号变现时起到关键作用。比如子账号的目标粉丝群是年轻妈妈群体，那么所做的广告就要是与宝宝相关的广告。

第二，数据挖掘。有一定实力的UP主，可以利用关联规则构建推荐系统。比如先了解喜欢红酒的人通常喜欢什么牛排品牌，然后在相关定位的子账号有针对性地推荐，可以拍摄一个“不同牛排配不同红酒”主题的视频。

第三，效果评估。可以完善子账号的运营，提升运营质量，也就是调查目标粉丝群对子账号运营的满意度，然后根据他们的反馈提升质量。

第四，竞争分析。根据目标粉丝群体的特征，找到相关的竞争对手，分析自身的竞争核心能力是否能够让子账号突围而出。

9.4.2 牢记5类粉丝特征属性

想要了解子账号的目标粉丝群，那就要先了解基本的粉丝特征属性，并据此设计特征标签。总的来说，粉丝特征属性可以分为5类：

类型一：基础属性。其是指目标粉丝的基本信息，包括性别、年龄、所在地域等属性。

类型二：经济属性。其是指目标粉丝的经济情况以及消费观念，其中包括三个方面的内容，如图9-5所示。

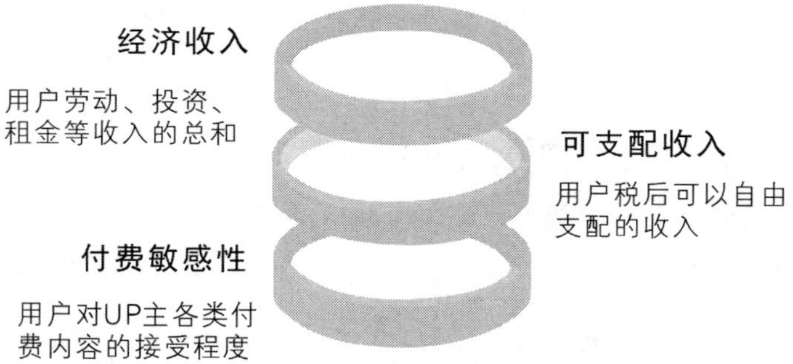

图 9-5　经济属性的三个方面内容

类型三：文化属性。其是指目标粉丝的受教育程度以及文化偏好，其中包括文化水平、喜好的文化类型、对文化的个性化需求等属性。

类型四：社群属性。其是指目标粉丝在社会关系上的交际特性，包括交友、恋爱、工作等方面。

类型五：硬软属性。硬属性是指目标粉丝所拥有的设备及相关条件，软属性是指目标粉丝对网络以及软件（B站）的熟悉程度。

9.4.3 三步构建用户画像

用户画像的构建总的来说可以分为三个步骤：

步骤一：收集和分析用户信息

和所有的调研一样，UP主在构建用户画像时，首先需要确定被访用户类型、设计调研方案和调研提纲。在调研上要尽可能地选择不同类型的用户，然后提取他们的特征，最后根据特征进行分类。

通常而言，UP主可以结合自身实际灵活运用四种方法收集和分析用户信息，如图9-6所示。

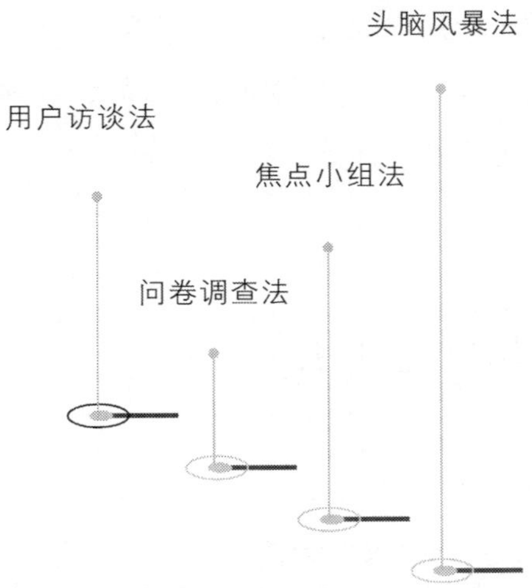

图 9-6 收集和分析用户信息的四种方法

步骤二：细分用户群

为什么要细分用户群？因为不同的用户群有不同的目标、行为和观点，细分用户群可以把问题变得更加清晰明朗，同时也可以作为用户画像优先级划分的依据。B站UP主可以通过调研去了解用户，以用户的目标、行为和观点的差异为依据进行用户分类，在每种类型中抽取出典型特征，赋予不同标签，最后形成用户画像。需注意的是，区分不同类型用户的关键点在于用户关注B站的目标和动机、过去/现在/未来的行为，而不是简单的性别、年龄、地区等这些属于人口统计学的特征。

步骤三：建立和丰富用户画像

将用户画像形象化、立体化是使用户画像起作用的关键步骤。前期获取的标签只是基础数据，还不够精准，如果想让其活起来，就需要对数据进行更加细致的分析，并赋予用户画像更多的元素，使其更加立体和饱满。

如何丰富用户画像呢？在添加了构成用户画像的基本元素之外，UP主还可以使用其他一些元素来丰富用户画像，诸如爱好、个人语录、生活场景等。在用户画像的打造过程中需要注意颗粒度，不能太小也不能太大。如果颗粒度太小，小到每一个用户的每一具体的生活场景中，基本不太可能；但是如果颗粒度太大，只是年龄、所在地域、爱好、性别等元素，那么其对B站矩阵的建立也就失去了指导意义。

9.5 互推使优势最大化

B站矩阵的优势之一就是彼此引流，在持续的互动中不断提升主账号的粉丝数，增强子账号的价值。那么，如何将矩阵的这一优势最大化呢？最简单有效的方法是彼此推广，相互提携，在粉丝交换中共同成长壮大。

9.5.1 互推账号

参与互推的B站账号一定要有一定数量的粉丝，因为有一定数量粉丝的账号之间才能形成良好的内容、活动互动，才可能快速交换粉丝。

另外，矩阵内账号互推时，还需要注意四个事项，如表9-1所示。

表9-1 矩阵内账号互推的四个注意事项

注意事项	内容	举例
调性	相互推荐的账号在调性上要一致或者相似，才能达到最佳推广效果，顺利实现粉丝互换，提升彼此品牌的影响力	比如游戏类账号可以和影视类账号互推，因为两者之间都存在着娱乐的调性
重合	主账号和子账号间的粉丝属性或者内容上的重合度要较高，如此一来，账号之间互推的效果才会比较好	比如一个美妆主账号的目标用户大部分为女性，便不能和以男性为目标用户的子账号互推
黏性	在精力有限的情况下，最好选择黏性较高的账号互推，否则子账号的粉丝可能会因为其推荐主账号内容过多产生反感，而导致粉丝流失	阅读数、点赞数、打赏数、评论量较多的账号，通常粉丝黏性较强，适合互推
数量	如果子账号是新建立的，粉丝数较少，尽量不要参与互推，否则不但没有效果，还可能导致粉丝流失	粉丝数量在10万人以上的账号之间互推，可以有效交换粉丝

9.5.2 互推规则

选择好了参与互推的账号后，UP主接下来需要做的就是设定好互推规则。比如粉丝数最多的一个账号为100万粉丝，最少的账号也有50万粉丝，那么互推时要如何排名呢？不管是主账号推子账号，还是子账号推主账号，这一点都需要明确。

因此，UP主在进行账号互推前，需要设定好排名规则。通常而言，为了确保效果，设定时需考虑两个问题。

第一，角度。如果是主账号推子账号，那么就要把子账号排在前面，不管是推荐的频次还是位置，都要排在第一；如果是子账号推主账号，那么就要把用户数最多、用户转化率最高、用户黏性最强的主账号排在前面，如此既能保证主账号的涨粉效果，又能保证用户较少子账号的养成效果。

第二，轮推。除了主推主账号之外，子账号和子账号之间互推也是运营B站矩阵的重要方面。那么子账号与子账号之间如何互推呢？最简单的方法便是轮推。比如子账号A在第一个月互推计划中排名第一，那么第二个月就要排最末位，如此就可以保证所有子账号都有机会排到第一名，其核心就是公平公正，否则粉丝数量小的子账号是养不起来的。

9.5.3 互推视频

互推涨粉效果明显的一招就是互推视频，UP主可以从两个方面入手，提升互推视频的粉丝转化率，如图9-7所示。

图 9-7　提升互推视频粉丝转化率的两个方面

一位UP主制作的互推视频便符合这两个方面的要求，视频的标题是《胖墩儿！我看你这脚擦到什么时候！》，这个标题就足够引起用户的好奇心，用户肯定会想："擦脚能擦到什么时候呢？"内容也确实有诱导性，一个胖胖的小男孩一边脚擦完了，另一边脚又放回脚盆里，确实非常有趣。在视频下方，这位UP主特别标明"该视频转自UP主'胖墩儿'"，如此一来，这个内容有趣的视频便会诱导用户去"胖墩儿"那里观看其他视频，最后关注它。

9.6 利用KPI优化矩阵布局

不少UP主在打造B站矩阵时可能会面临这么一个问题：B站矩阵效果不明显，或者个别账号效果好、个别账号效果差。其根本原因是B站矩阵的建立不够完善，要解决这个问题就需要在运营过程中不断地对B站矩阵进行优化。而KPI考核就是最好的优化方法之一。

KPI称为关键绩效指标，又称为主要绩效指标、重要指标、绩效评核指标等，是衡量一个管理工作成效最重要的指标，是一项数据化管理的工具。KPI一般用于企业管理方面，是将企业、员工、事务在某一时期的表现量化和质化的指标。这个指标同样可用在B站矩阵的运营打造上。

9.6.1 KPI准备

在做KPI考核之前需要在三个方面做准备，如此才能利用KPI去优化B站矩阵：

（1）找到打造B站矩阵的真正目的。在当前阶段，UP主更侧重做什么？是打造品牌，还是销售产品，或是打磨产品？确定了问题的答案，UP主在打造B站矩阵时才能有针对性地做好准备。

（2）深入了解行业及竞争对手。要想设置合理的KPI，UP主还需要对行业有深入的了解。这里的行业有两层意思：一是UP主所定位的细分行业，比如你定位于教育行业优质内容输出，就需要去了解该行业里的学生、家长、老师，了解教育的基本特征；二是你的B站账号在类目所处的位置，比如你的B站账号属于颜值类、技术类，还是知识类？在这个类别中处于哪个位置，是前100名还是前10名？

在对行业进行深入了解的同时，竞争对手也是不容忽视的。找出自己的主要竞争对手进行拆解研究，对他们发布的每条视频的点击量、点赞量、转发量、评论量、完播量一一进行分析，然后算出平均数。这是做KPI考核的关键参考依据。

（3）充分掌握自身情况。知道了对方的情况，也需要把自己了解透彻。一般来说，可以通过以下两个层面来了解自己：

第一，数据层面。可以通过其他一些辅助工具，对视频进行统计分析，其中包括点击量、点赞量、评论量、转发量等。虽然B站账号上可以看出点赞量和粉丝数，但是无法看到粉丝黏性以及成长速度，而这个统计分析则可以做到这一点。

第二，账号层面。账号尚处在什么层面？影响力如何？还有多少资源可以利用？这些因素关系后期的涨粉速度。

9.6.2 SMART原则下的KPI指标设置

对考核B站矩阵的KPI指标进行设置必须遵循SMART原则：

S（specific），是指要切中特定的工作指标，不能笼统。

M（measurable），是指可度量的、数量化的，验证这些指标的数据或者信息是可以获得的。

A（attainable），是指可实现的，指标在付出努力的情况下可以实现，避免设立过高或过低的目标。

R代表现实性（realistic），是指具备现实性，指标是实实在在的，可以证明和观察。

T（timebound），是指绩效指标有时限的，要注重完成指标的特定期限。

9.6.3 设置KPI的一般程序

设置B站账号的KPI的程序如下，UP主可以将其作为参考，以此提高KPI设置的效率。

找出关键成功要素

关键成功要素是指对账号成功有关键作用的某个战略要素的定性描述，这是设置KPI的重要依据，同时其能让指标具体化、定量化，使之可以被衡量。找出关键成功要素其实就是要明晰获得优秀成绩所必需的条件以及要实现的目标，主要涉及三个方面的问题，如图9-8所示。

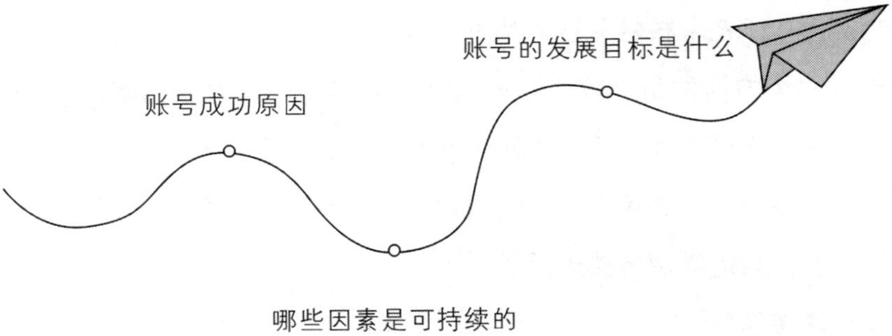

图 9-8 找出关键成功要素涉及的三个问题

建立评价指标

找出关键成功要素之后，UP主要从哪些角度对其进行考核呢？B站账号的评价指标包括点赞量、转发量、评论量、完播量、外链点击量、互动有效率、粉丝量等。

建立评价标准

评价标准是评价各个B站账号运营成功与否的尺度，它就像一把尺子可以衡量出优秀的账号、中等的账号、不合格的账号，然后把不合格的账号剔除，对中等的账号进行加强。一般来说，指标指的是从哪些方面对关键成功要素进行评估，解决的是评价什么的问题，而标准则是指在各个指标上B站号应该达到一个什么样的水平，解决的是账号表现的问题。

确定数据来源

建立KPI体系的最后一步就是确定数据的来源，也就是通过什么渠道获得评价B站账号表现的客观数据。一般而言有两种渠道：一是B站账号上直接就显示的指标变现，如点赞量、粉丝量、转发量；二是借助其他工具，也就是一些第三方平台获得的数据。

确定考核周期

KPI考核周期设置不能过长，也不能过短。如果考核周期过长，会带来两个负面结果：一是带来严重的近因效应，从而给评价结果带来误差；二是使UP主失去对KPI考核的关注，最终影响考核的效果。如果考核周期太短，也会造成两个方面的负面效果：一是加大考核成本，直接影响UP主的工作量；二是由于一些工作内容可能跨越考核周期，许多账号的表现无法评估。最好是根据考核内容的不同，分为月度、季度、年度考核。当然如果有特殊情况，也要适当地缩短考核周期。

运用考核结果

做KPI考核的目的是什么？就是优化B站矩阵，加强B站矩阵的效果，因此就要把考核结果运用上。比如评论量达不到标准，那么就考虑是哪方面出的问题，是视频内容不能激发用户的互动兴趣，还是主账号或者其子账号的互动引导工作没做好；又比如用户点赞量高，但是关注量低，那么就要考虑是不是视频内容的平均质量不高，只有一两个品质好的视频吸引了用户点赞，但其他视频的内容却无法吸引用户长期关注UP主。

第 10 章

流量变现：成为一个多金的 UP 主是一种荣耀

对UP主而言，想要持续在B站为兴趣而活，输出优质内容，必须有足够的金钱支持。因此，智慧的UP主都是变现高手，在积累了足够的人气和流量后，会结合自身实际，找到最适合自己的变现途径。

10.1 平台变现

为了提升UP主的经济收入，激励其创作优质内容，B站推出了各种针对UP主的激励计划，全方位为UP主赋能充电。UP主在考虑如何让输出内容变现时，应先熟悉B站的激励计划，结合自身创作方向和实际能力，实现平台变现。

10.1.1 “充电”计划

B站于2016年1月上线“充电”计划，即在线打赏功能，鼓励用户为自己喜爱的UP主“充电”。用户可以通过“充电”使用“电池”直接打赏自己喜爱的UP主，给予UP主实实在在的金钱奖励。具体而言，“电池”和人民币间的换算关系为：10个“电池”=1元人民币，扣除外部支付成本、税费后，UP主获得的分成在70%左右。比如2021年，截至3月2日，有45人为UP主“老番茄”“充电”，给予其“电池”，提升了其收益。

那么，如何才能让用户更积极地为UP主“充电”呢？在具体操作时，UP主可以通过三个方法努力提升用户对自己的“充电”兴趣，如图10-1所示。

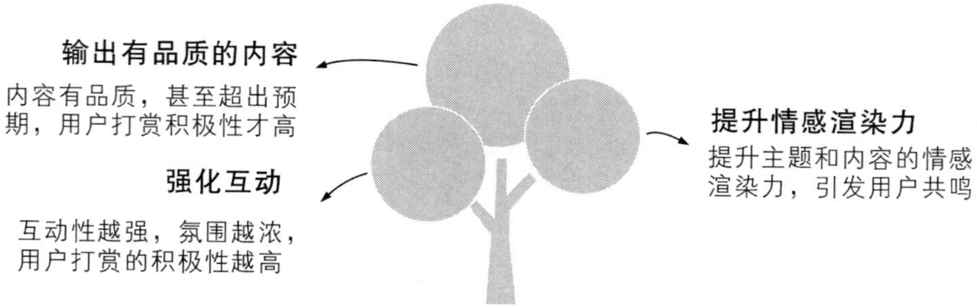

图 10-1 提升用户“充电”兴趣的三个方法

10.1.2 创作激励计划

除了“充电”计划外，B站还推出了创作激励计划，以提升UP主的收入，帮助UP主获得更加优质的创作环境和资源。申请加入创作激励计划后，B站会根据UP主之后发布视频的播放量、点赞量、收藏量、评论量等给予相应的激励金。通常而言，激励金会在视频发布的第二天开始计算，月底统计当月的总收益并转换为“贝壳”转入UP主账户。

创作激励计划的申请条件如图10-2所示。

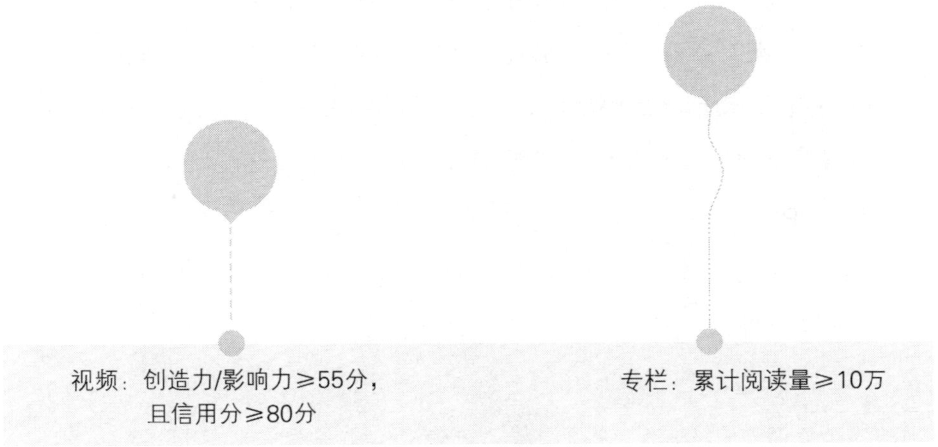

图 10-2　创作激励计划的申请条件

其中创造力需要UP主持续输出原创作品才能提高分数，内容品质越高，更新频率越高，创造力分数越高。影响力主要表现为粉丝数、粉丝互动热度等，UP主可以通过提升互动强度、蹭热度、剪辑转载热门综艺等方式快速提升影响力。

加入B站创作激励计划后，UP主便可以凭借稿件的流量、质量获取一定补贴——1000次播放量可分得3元左右。需要注意的是，原创视频才会有对应收益，一个优质的原创视频，假如播放量能够达到百万次，便能够获得上万元的奖励。

10.1.3 签约合作

UP主在具备一定流量和知名度后，也可以通过和B站签约合作的方式进行平台变现，以在B站发布独家内容换取B站给予的签约金和固定薪酬。

“敖厂长”是B站元老级UP主，自2011年便开始在B站创作视频，在2018年成为B站粉丝量最高的UP主。2020年7月12日其与B站达成全约、独家的合作，之后其所有的视频、直播内容都独家在B站更新，“敖厂长”也因此收获了千万元合约金。

可见，签约合作是UP主实现平台变现的重要途径之一。那么，UP主如何和B站签约呢？当前，B站是通过邀请机制和UP主签约的，因此UP主想要和B站签约，必须自身足够出色，能够吸引B站关注。想要成为B站签约UP主，UP主需要满足三个条件，如图10-3所示。

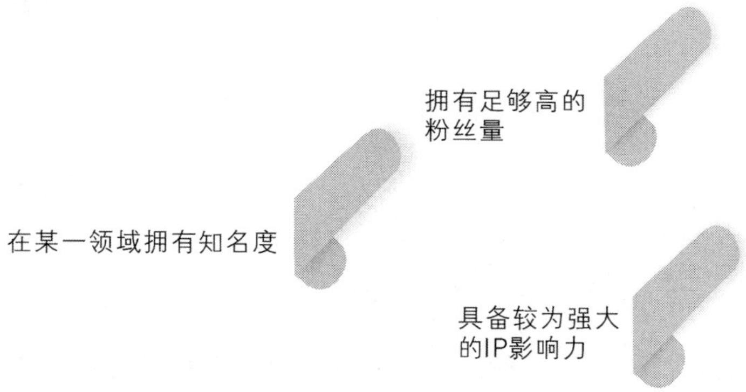

图 10-3 成为 B 站签约 UP 主的三个条件

10.2　广告变现

有了流量和知名度后，B站UP主便可以通过接广告的方式快速完成变现。但是需要注意的是，B站用户是非常讨厌UP主硬推广告的，以播放硬广告的方式进行变现无异于杀鸡取卵，智慧的UP主都善于以用户不讨厌甚至喜欢的方式完成广告变现。

10.2.1　广告也可完美融入视频

和众多平台一样，UP主在B站打拼并拥有一定知名度后，便可以通过接广告的方式淘金。比如UP主“凹凸赛克”，他是一位专做原创积木拼配视频的“90后”UP主，他曾经用积木零件拼出了北京大学和清华大学的校门，还曾经用积木还原过动画和游戏中的各类场景。因为还原度超级高，视觉冲击力非常强，“凹凸赛克”发布的视频对年轻用户的吸引力非常大，每条视频的播放量都很高。“凹凸赛克”在B站上传视频4个月后，陆续收到广告商的合作邀约，开始走上广告变现之路。

但需要注意的是，B站用户虽然不反对UP主“恰饭”，却对硬广告比较反感，因此UP主需要将广告完美地融入视频，让广告若有若无，甚至让用户喜欢上广告。如此，UP主的“恰饭”行为才具备可持续性。

UP主“敬汉卿”曾经发布过一条“恰饭”视频。在这条视频中，“敬汉卿”回忆了自己开始拍视频时遭遇的各种各样的困难和误解，他深情地说道：“我们永远年轻，我们永远自豪，所有的人都曾被轻视，但时间会证明我们的价值。这次有机会可以用华为nova 7 Pro拍这样一条一直以来很想拍的视频，想告诉大家我的初心，也想告诉你们：你在，焦点在。”

华为终端官方账号也来到这条视频下方评论留言：“你在，焦点在，奥利给！”而看着“敬汉卿”一路走来的粉丝们也纷纷送上祝福：虽然这是个“恰饭”视频，但还是祝贺你——“敬汉卿”！

这就是B站一个成功的广告变现视频，UP主成功地将广告融入视频中，将自身调性和品牌所传递的理念糅合在一起，为粉丝所接受甚至赞美。

10.2.2 自然植入

想要顺利“恰饭”，UP主必须掌握将广告完美融入视频的技巧，做到“润物细无声”。那么，如何才能实现这一目标呢？一种较好的方法是自然植入，即将产品或品牌自然地植入剧情中，使其成为视频“不可或缺”的一分子。如此一来，在用户眼中，视频中出现的产品或品牌便不是广告，而是道具，是人物性格演绎或剧情发展的推手。

通过自然植入的方法，UP主可以最大限度地弱化自身视频的“广告”标签，更易于让用户接受视频，甚至喜爱和赞美视频。

具体而言，UP主可以通过四种方法在视频中自然植入广告，如表10-1所示。

表10-1 自然植入广告的四种方法

方法	内容	举例
台词植入	通过视频中人物的台词植入产品或品牌广告，展示产品或品牌的地位、特征等	台词：“不是用华为就是用苹果，你要是用一个普通货，都不好意思和人打招呼。”
场景植入	在视频画面、人物活动场景中布置可以展示产品或品牌信息的实物	视频中主人公打球时出现某品牌logo、广告牌、招贴画等信息
剧情植入	UP主为品牌或产品专门设计剧情桥段，通过较高的出现频率形成广告效应	视频中人物打开某一电商App，说要买一身某演员同款的外套
道具植入	产品以某种道具的身份出现在视频中，以此展示其卖点，吸引用户关注	在游戏直播中，主播坐的是某品牌电竞椅，用的是某品牌无线鼠标等

另外，B站UP主还可以通过开箱、分享等方式植入相应的产品广告或展示某一品牌信息。总之，在植入产品广告或品牌信息时，UP主需要结合其特点、功能等灵活选择恰当的植入方法，确保整个视频看起来没有明显的广告硬植入痕迹，才能确保用户看后不反感，甚至主动分享。

10.2.3 直接为产品或品牌定制内容

UP主除了可以通过自然植入产品广告的方法“恰饭”外，还可以直接为产品或品牌定制内容，围绕产品或品牌专门打造一个视频。这种“恰饭”方法操作起来更简便，可供选择的形式更丰富。

B站坐拥千万粉丝的游戏区UP主“老番茄”，便非常喜欢用定制内容的方式“恰饭”，比如在《热血篮球》这款篮球手游正式上线期间，便发布了一期该手游解说视频，通过各种哏和段子，获得了上百万播放量。

再比如UP主“老师好我叫何同学”，发布过一期定制“恰饭”视频，即为某品牌手机专门制作了一个用一万行备忘录做动画的5G测试视频，如图10–4所示。

图 10–4 “老师好我叫何同学”发布的“恰饭”视频

该视频创意性极强，趣味性极大，因此成功引爆了评论区。很多粉丝表示：同样是“恰饭”，有人是念稿子，有人是背参数，但何同学这质量，都能上开眼十大创意锦集了，佩服佩服。

因此，UP主在“恰饭”时，采用直接为产品或品牌定制内容的方式，能够更自由地发挥，以用户更易于接受的方式和内容做广告。

在具体操作时，UP主可以采用三种方法进行定制内容创作，如表10-2所示。

表10-2 定制内容创作的三种方法

方法	内容	举例
功能、卖点定制视频	围绕产品功能、卖点等拍摄专属视频，让用户对产品性能和品质产生更加深刻的印象	用某品牌手机测试5G速度，通过各类极限测速方式展示手机品质
品牌文化展示视频	围绕品牌文化创作专属剧情，引导用户关注品牌，欣赏品牌	男女主人公的每次相遇时都会出现某品牌巧克力的身影
开箱视频	拍摄某产品的开箱视频，从外包装、外形、触感、功能等全方位展示产品	网购的某产品到货了，和大家一起开箱，看看产品具体怎么样

10.2.4 掌握技巧，让广告为视频加分

有一个问题一直在困扰着B站UP主——接了广告会影响视频体验从而造成用户流失，不接广告又会影响自己的收益。其实，这个问题并不难解决，只要掌握足够的技巧，不仅不会让广告影响视频体验，还会为视频加分，甚至让用户喜欢看，乐于分享。

具体而言，UP主可以结合自身实际灵活选择三种方法：

第一，让广告信息融入现实生活。当广告信息融入现实生活时，它在用户眼中便成了不可或缺的一部分，而非广告，看起来更自然、更顺眼，甚至更乐于分享。比如在拍摄视频时，让各种品牌logo或者产品的身影在周围环境中自然露面，如果是在家里拍摄，UP主可以把品牌的logo印在抱枕上，或是让产品直接出现在餐桌上。虽然这种方式看起来简单，但是因为广告信息是和现实生活环境融为一体的，所以用户并不会有较大的排斥感。

第二，让广告词成为台词。在“恰饭”时，UP主还可以让品牌或产品

的信息出现在视频人物的口中，通过视频人物将产品或品牌的地位、特征自然而然地展现在用户眼前。这种呈现方式很容易得到用户的认可。

第三，让广告信息成为剧情。这种方式是指专门为品牌或者产品制定合适的剧情桥段，这是电视剧的常用手法，UP主在“恰饭”时可以灵活使用。比如在电视剧《陪你到世界之巅》中经常看到女主敷韩束面膜的剧情。只要设计得合情合理，用户都能接受。

10.3 电商变现

在B站，有些UP主是“不接商演、不接广告”的，那么这些人是如何让输出内容变现的呢？以B站知名UP主“李子柒”为例，从来不接广告的她，却在天猫上开设了同名店铺，上线6天，仅有5款产品的店铺销售量便突破15万件，销售额破千万元。“李子柒”的电商变现之路是否能效仿？答案是毋庸置疑的。

10.3.1 找到适合自己的电商变现方式

有了流量和人气，UP主还可以尝试通过电商进行变现。电商变现的方式较多，B站UP主需要结合自身创作领域、特长、人气等因素找到最适合自身的变现方式。

具体而言，UP主通常可以通过三种方式进行电商变现：

第一，B站直接展示商品。虽然UP主并不能在B站上开设店铺，但是却可以通过“商品橱窗”展示商品，吸引用户点击购买。商品橱窗位于UP主B站主页中上部，显示为“Ta的推广橱窗”，用户点击后便会进入“商品橱窗”页面，在该页面，用户可以看到UP主推广的各类商品具体信息，点击感兴趣的商品后，便会跳转到UP主在第三方电商平台上开设的店铺，用户即可下单购买。

比如B站知名UP主“千户长生”，在其主页便可看到“Ta的推广橱窗”，点击后在“商品橱窗”页面可以看到好几种美妆产品，点击具体产品后便会跳转到其淘宝店铺，用户即可下单购买，如图10-5所示。

第二，借助“会员购”销售产品。B站内置有“会员购”商城，如图10-6所示，进入路径为“B站手机App主页—会员购”。

“会员购”商城主要面向用户销售手办和IP衍生类产品，诸如公仔、书

图 10-5 “千户长生”B 站主页

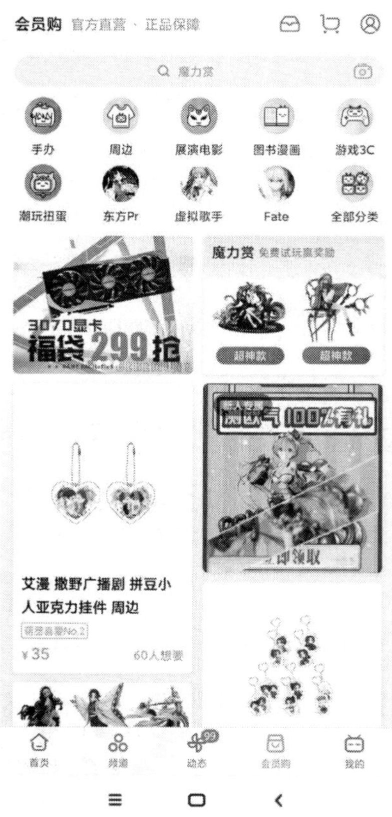

图 10-6 B 站“会员购”商城

籍、键盘、鼠标等。UP主可以和B站进行协商，借助“会员购”商城销售自己的产品，继而快速实现变现。

第三，利用B站为自身店铺引流。一些UP主原本就在淘宝或是其他电商平台开有店铺，希望通过发布视频或专栏的方式积聚流量，为自己的店铺引流，这也是电商变现的最佳方式之一。比如知名美食UP主“李子柒”，截至2021年3月4日，在B站拥有粉丝765.9万人，发布视频138个，打造出了高知名度品牌，为其天猫店铺带去了足够的流量。

10.3.2 所展示产品必须亲自“试验”

UP主想要在B站依靠电商方式进行变现，通过展示、引流等方法获利，仅仅依靠视频推荐是远远不够的。智慧的UP主除了视频推荐之外，还会亲自“试验”，通过各种新奇体验放大产品吸引力，给予用户更强烈的安全感，继而吸引用户下单购买产品。

比如UP主“野食小哥”发布的每条视频中他都会亲自出场，或调制泡面，或腌制牛肉酱，将美食的特色和体验完美地展示给用户，如此，用户才会反复观看，对视频中出现的物件念念不忘，继而对其推荐的产品产生强烈的信任感和期待感。

具体而言，UP主可以通过三种方式对产品进行“试验”，展示其高品质，提升其可信度，如表10-3所示。

表10-3 UP主对产品的三种“试验”方法

方法	内容	举例
亲自试用	不管UP主在视频中展示的是服装、食物还是化妆品，都需要亲自试用，并总结试用心得	进行服装试穿，为用户展示服装的穿搭效果
极限测试	在视频中进行各种功能极限测试，用极限环境中产品展现的性能征服用户，收获用户信任	在40摄氏度高温环境下，亲自测试某品牌粉底的防水性能

续表

方法	内容	举例
创新体验	通过各种创意十足的游戏、试验和活动，展示使用某产品可以达到某一目的，向用户证明该产品的某种价值	使用某品牌电脑进行游戏解说，有趣、有哏

10.3.3 找到短视频电商与传统电商的差异

电商变现并不是一件简单的事情，不是UP主开通一个商品橱窗或是开设一个淘宝店铺就能立即变现，而是需要依靠一定的技巧。具体而言，B站UP主想要快速实现电商变现，需要做好三点。

第一，先打造IP再运营电商。电商变现能够成功的一个关键是用户对UP主必须有足够强的信任感，因为信任感强用户才会购买网店产品。而想要做到这一点，UP主就必须打造个人IP，擦亮个人品牌。假如你刚刚进驻B站便迫不及待地卖东西，没有人气、没有口碑，用户凭什么关注你？凭什么信任你？就像UP主“李子柒”，为什么她一开天猫店就能卖出千万销售额？因为大部分人是冲着“李子柒”这个IP去的，因为支持她、信任她，所以认为她的产品好。

第二，运营好粉丝再运营电商。传统电商运营是先开通店铺，然后通过电商平台的流量或是其他推广渠道来完成转化的，但是B站电商变现则不同，需要先运营好粉丝，把粉丝基础打牢才能做好电商。因为在B站，粉丝数量是决定账号权重的关键点之一，粉丝数量越多权重越高，平台给的流量支持就越大，其他用户看到产品的机会也越多。同时，B站账号的粉丝也是电商的有效消费者之一。更重要的是，粉丝数量在用户眼中代表着名气和权威，粉丝数量越多，UP主被分享的概率就越大，用户购买产品的积极性自然就越高。

第三，有足够多支持自己实现电商变现的产品。做电商最主要的是做什么？是提供能够满足用户需求的产品。只有产品受到用户认可，UP主积聚的流量和人气才能变为真正的销量。所以，在进行电商变现前，UP主需要首先打造好能满足用户需求的产品，然后通过视频进行展示并获得认可。

那么，UP主如何获得足够多的适合电商变现的产品呢？通常而言，UP主可以通过三种方法获得相关产品，如表10-4所示。

表10-4 适合电商变现的产品的获得方法

方法	内容	举例
自创品牌	打造拥有自主产权的品牌和产品	打造自有品牌的美妆产品
从厂家直接进货	从产品生产厂家直接进货	从爽肤水厂家直接拿货
品牌代理	通过代理某品牌产品获得充足货源	成为某产品在某省的独家代理

10.4 直播变现

随着直播行业的大火，UP主在B站通过直播实现变现的可能性变得越来越大。直播虽然火热，但假如没有掌握好方法，UP主不管付出多大的努力，最终都会竹篮打水一场空。因此，想要顺利依靠直播变现，UP主必须找到最合适自己的方法。

10.4.1 用才华赢得用户打赏

直播时，用户付费充值购买礼物给UP主，B站将礼物转为虚拟币，UP主对虚拟币提现完成变现。但是需要注意的是，这种变现方法对UP主的才华展示有很高要求——普通的才华展示往往不会激发用户的打赏行为，有趣、极致的才艺和有用的价值输送才会触发用户的打赏行为。

B站第一个千万粉丝的UP主“老番茄”，在B站直播首秀中，和UP主“花少北”“某幻君”“中国boy”连线打游戏，几个人彼此间配合相当默契，带给粉丝轻松、有趣的“围观”体验。由于“老番茄”解说哏味十足，对游戏的分析很走心，因此大家使用弹幕进行“疯狂输出”，满屏都是“老白给了”“全员演员”等高频哏。

这场直播人气值一度达到了惊人的2070万，吸引了近770多位新“舰长”登录“老番茄”的“大航海”，表达自己的支持。在B站，粉丝可以购买“船票”成为UP主“舰队”的“舰长”“提督”或“总督”，即可获得入场特效、身份卡片等特权福利。

可见，UP主越有才华，直播越有趣，被用户打赏的可能性就越高，获得的收入自然也就越多。

通常而言，用户的打赏可以分为三类，如表10-5所示。

表10-5　用户的打赏类型

打赏类型	获得条件	举例
金钱打赏	UP主能够淋漓尽致地展露才华，给予用户超强体验，或为用户带来可观价值	用户直接通过打赏功能为主播“充电”
礼物打赏	UP主通过互动，快速拉近自身和用户间的心灵距离，成为用户的“朋友”	用户购买直播间的“鲜花”“项链”等礼物打赏UP主
身份打赏	UP主通过直播打造出超强IP，在用户群体中拥有较大的影响力	用户通过付费购买的方式参与“大航海”，成为“舰长”

10.4.2　边直播边带货

除了依靠用户打赏获得收益外，UP主还可以通过直播带货的方式实现变现。相对于视频形式，直播的“实时性”“互动性”特点对用户更具吸引力，更能全方位展示产品的卖点，激发用户的消费行为。

不过，想要通过直播带货的方式变现，UP主需要具备两个硬性条件，如图10-7所示。

图 10-7　UP 主直播带货变现的两个条件

UP主直播带货的形式主要有两种，如表10-6所示。

表10-6　UP主直播带货的两种形式

带货形式	内容	举例
直接卖货	UP主自己经营有店铺，利用直播吸引人气，直接在直播过程中向大家推荐店铺内产品	“店里的粉底我已经用了七八年，感觉清爽，上色容易，让皮肤看起来很润。”
为品牌带货	UP主在直播中推广某一品牌或产品，引起用户的兴趣	“昨天半夜饿得睡不着，突然想起上次网购的××品牌饼干……”

10.4.3　其他直播变现方式

除了打赏和带货外，UP主还可以结合自身实际，使用其他方法进行直播变现。

承接广告。当UP主具备一定名气后，便会有企业和商家基于其直播间的人气和流量与UP主洽谈广告合作，委托UP主宣传产品或者品牌。

内容付费。当直播内容的价值含量较高时，UP主可以采用付费制，只允许缴纳一定费用的用户观看直播。相对于普通直播，付费直播的模式私密性更高，用户可以通过购买门票、即时付费等方式进入直播间观看。

游戏付费。UP主可以在直播中增加小游戏功能，用户想要参与游戏，需要充值。直播的小游戏功能不仅能在很大程度上提升氛围感，若运营得当，也能为UP主带来较高的收益。

10.5 流量变现

很多UP主虽然不能在B站上实现所上传内容的直接变现，但是却可以在B站之外利用B站的流量完成变现。比如有些垂直行业的UP主通过在B站视频中植入自己的抖音号，吸引更多年轻用户关注自己的抖音小店，或推出相应的周边，再或者为其他App、平台账号导粉，从而获得红利。

10.5.1 为其他平台账号引流

当UP主在B站通过前期运营积累了庞大的粉丝群和人气后，便可以进行流量变现，获得收益。

“大祥哥来了”是B站知名的美食区UP主，其成名的主要原因可以归纳为“凭借一己之力大幅提升了B站试吃视频的人气”。比如其曾经创作了一期试吃估价10万元一只的鲜活白玉海参的视频，因为主题非常有看点，创意新颖，且有互动抽奖环节，因此大受粉丝欢迎，总播放超过了400万次。之后“大祥哥来了”通过各类创意十足的美食视频快速积累起人气，关注他的粉丝越来越多，截至2021年3月5日，共有470.4万人关注了他。

之后“大祥哥来了”同名淘宝店正式开业，其货架上的一款起泡酒在短短的2小时内销售额便突破了7000元！“大祥哥来了”据此成功将B站上的庞大流量导入了淘宝店，完成了流量变现。

可见，只要方法恰当、操作巧妙，UP主便可以通过自身在B站积聚起来的巨大流量快速实现变现。具体而言，为其他平台账号引流变现的方法主要有三种，如表10–7所示。

表10–7　为其他平台账号引流变现的三种方法

引流变现方法	内容	举例
引流到平台店铺	UP主为自己或别人在某平台的店铺导粉	在视频中嵌入店铺名称
引流到平台账号	UP主为其他平台的App或账号导粉	在视频中出现使用某App的剧情
直接卖号	UP主直接出售自己的B站账号	直接出售粉丝数百万的B站账号

10.5.2 “B站+微信小程序”组合变现

除了在B站打造IP为其他平台账号引流之外，UP主还可以通过“B站+微信小程序”的方式快速将流量变为实实在在的收益。作为当前应用最广泛的社交App，微信蕴含巨大的商业价值，而里面的小程序则是微信推出的颠覆诸多App的革命性平台，将B站流量和微信小程序巧妙地组合在一起，UP主便可创造出适合自身的变现之路。

具体而言，“B站＋微信小程序”变现的步骤如图10–8所示。

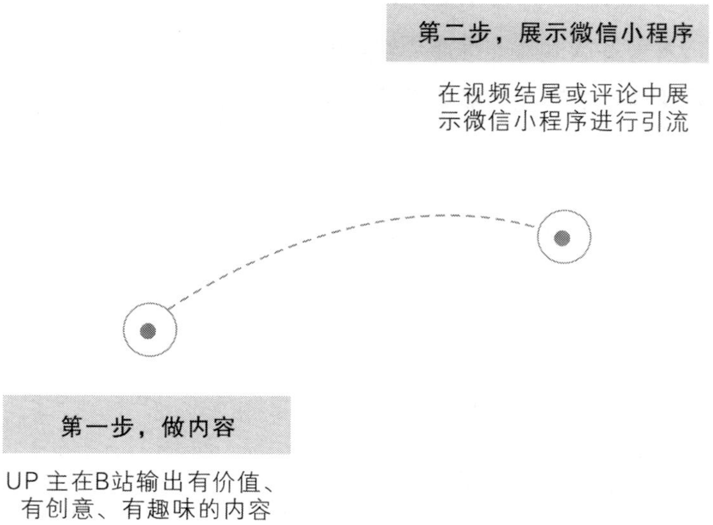

图 10-8　“B 站 + 微信小程序”变现步骤

B站上有一位专注分享签名技巧的UP主，几乎每周都会发布个性签名的视频，因为满足了用户的好奇心，能够实实在在地提升用户的身份感，所以很受大家欢迎，关注他的用户越来越多。

事实上，这类签名可以出售。很多人在评论区回应自己写得不好也不会设计签名，针对这个问题，这位UP主给出了很明确的引导方式，用户只要打开微信顶部的搜索框，输入“签名小程序”，在前排的就能找到他的小程序平台。而用户在他的小程序平台上让其为自己设计签名是需要付费的，如此一来，这位UP主便很成功地为微信小程序做了引流，顺利完成了变现。

10.5.3　打造个人IP

随着移动互联网的快速发展，自商业时代快速来临。所谓自商业，是指自营销+自品牌——个人能够依靠自身努力快速打响知名度，获得巨大影响力，继而快速通过个人周边完成变现。

具体而言，个人IP可以通过三种方式完成变现，如表10-8所示。

表10-8　个人IP的三种变现方式

变现方式	内容	举例
带货	当UP主通过持续输出优质内容积累了一定的名气后，便可以通过带货方式将流量变为金钱	和某品牌商合作，制作一期该品牌商品的开箱视频
社群分享	通过在微信朋友圈、微信群、QQ群等社群内分享有价值的内容，将流量变为实实在在的金钱	通过分享微信朋友圈和代理微商项目完成社群变现
出版图书	通过出版实体书的方式，将知识转化为金钱	和某出版商合作出版实体书

既然个人IP具备如此大的变现可能，那么B站UP主如何打造个人IP呢？在实际操作中，UP主可以按照四步打造个人IP，如图10-9所示。

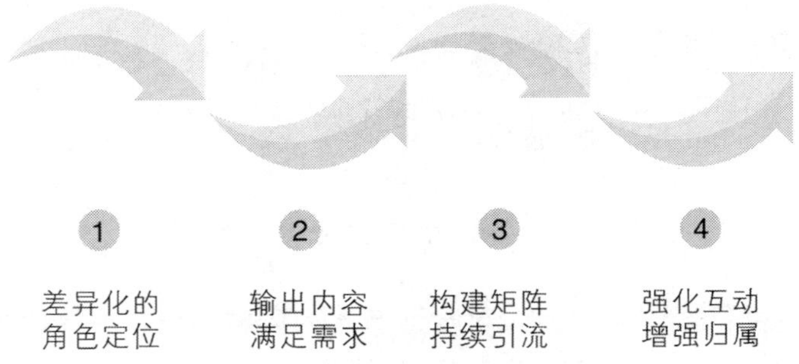

图 10-9　打造个人 IP 的四个步骤

10.5.4　课程变现

积累了足够的流量后，UP主还可以通过付费课程的方式将流量和知识转化为实实在在的收益。

比如著名军事专家张召忠，截至2021年3月11日，在B站拥有粉丝447.9万人，获赞数975.1万次。张召忠发布的视频军事干货知识满满，结合其幽默的解说风格，深深地吸引了年轻用户。有了巨大的流量积累，张召忠在

B站推出了付费课程，系统为用户科普军事知识，如图10-10所示。

图 10-10　张召忠的付费课程

UP主在进行课程变现时，可灵活运用两种方法以提升课程的销售量，如表10-9所示。

表10-9　提升课程销售量的两种方法

方法	内容	举例
多平台广而告之	提炼课程主要卖点，广而告之，尽可能覆盖更多潜在目标用户	在B站、抖音、今日头条等多个平台上发布课程推广信息
丰富运营手段	除了课程主要卖点信息推广外，UP主还可采用丰富的运营手段销售课程	采用分销、社群答疑、抽奖、拼团、针对性发放优惠券等运营手段

推荐阅读

360 度详解如何打造百万粉丝超级头条号！

书名：头条号涨粉与运营全攻略
作者：郭春光　杨岚
书号：978-7-5454-7467-1
定价：45 元
出版日期：2021 年 2 月
出版社：广东经济出版社

360 度详解如何打造百万粉丝短视频大号！

书名：短视频营销全攻略
作者：向上
书号：978-7-5454-6799-4
定价：45 元
出版日期：2019 年 10 月
出版社：广东经济出版社

360 度详解如何抓住农产品直播带货这个风口！

书名：农产品直播带货宝典
作者：汪波
书号：978-7-5454-7935-5
定价：35 元
出版日期：2021 年 10 月
出版社：广东经济出版社

实战指导网红经济的变现模式！

书名：网红经济："互联网 + "时代新型商业模式
作者：金易
书号：978-7-5454-5518-2
定价：45 元
出版日期：2017 年 8 月
出版社：广东经济出版社

推荐阅读

拆解小而美商家爆品思维和爆品方法!

书名：小而美：新零售爆品法则
作者：袁亮
书号：978-7-5454-6345-3
定价：45 元
出版日期：2018 年 9 月
出版社：广东经济出版社

快节奏时代你不可不学的说话术!

书名：极简表达：让人一听就懂的沟通技巧
作者：王海亮
书号：978-7-5454-7080-2
定价：45 元
出版日期：2020 年 3 月
出版社：广东经济出版社

实战派口才培训师手把手带你练就上佳口才!

书名：麦肯锡教我的 12 堂口才课
作者：陈权
书号：978-7-5454-7206-6
定价：48 元
出版日期：2020 年 11 月
出版社：广东经济出版社

一本书把软文营销的那些套路拆解到位!

书名：软文营销实战：让销量倍增的文案写作套路
作者：魏星　王惠婷
书号：978-7-5454-5908-1
定价：45 元
出版日期：2018 年 5 月
出版社：广东经济出版社

内容简介

作为当前国内最大的青年文化视频社区，B站深受15～35岁年轻人的喜爱，已经成为各类商家和企业营销时必须攻占的阵地。

本书着眼于解码B站号运营，分别从格物B站、精确定位、内容输出、社交裂变、视频制作、直播录制、营销推广、提升权重、矩阵打造、流量变现10个方面入手，以丰富的案例、精彩的剖析，再现B站高影响力UP主的打造方法，助力草根、创业者、商家和企业快速在B站获取流量红利。

广东经济出版社
为您呈献唯实致用的图书

责任编辑：蒋先润
（投稿微信：QQ286105935）
责任技编：陆俊帆
封面设计：回归线视觉传达 13811159477

从零到百大

B站UP主涨粉与变现运营实战

没流量？没粉丝？没人气？没销量？……归根结底，是你不懂B站号的运营。新媒体营销专家操刀创作，首次公开B站UP主涨粉与变现运营实战技法，10步助你快速成长为玩“赚”B站号的行家里手。

格物 B 站：国内最大的青年文化视频社区

精确定位：我就是我，是不一样的 B 站“烟火”

内容输出：先有优质的内容，才有海啸般的人气

社交裂变：爆火不难，只需玩好“弹幕 + 代言 + 社区”三板斧

视频制作：这样做，获得 10 万观看量不用愁

直播录制：草根与网红只差几步的距离

营销推广：不懂吆喝，UP 主怎么都不火

提升权重：懂得指标运营的 UP 主才有前途

矩阵打造：能做强的 UP 主从不单打独斗

流量变现：成为一个多金的 UP 主是一种荣耀

玩“赚”B站号就这么简单

上架建议：市场营销/网络营销

ISBN 978-7-5454-7991-1

定价：58.00元